La magia
de crecer juntos

HEDVIG MONTGOMERY

La magia de crecer juntos

LOS PRIMEROS 24 MESES: LA ETAPA DE LOS MILAGROS

Grijalbo

Papel certificado por el Forest Stewardship Council®

Título original: *Miraklenes tid*
Primera edición: febrero de 2019

© 2018, Pilar Forlag As
© 2019, Penguin Random House Grupo Editorial, S.A.U.
Travessera de Gràcia, 47-49. 08021 Barcelona
© 2019, Lotte Katrine Tollefsen, por la traducción

Printed in Spain – Impreso en España

Maquetación: M. I. Maquetación, S. L.

ISBN: 978-84-17338-73-2
Depósito legal: B-397-2019

Impreso en Gómez Aparicio, S. A.
Casarrubuelos, Madrid

DO 38732

Penguin
Random House
Grupo Editorial

ÍNDICE

EL NIÑO TE NECESITA A TI

U n día aparece, sin más. Tu hijo. Está desnudo y completamente indefenso. Respira, llora, duerme. Tiene dedos en las manos y en los pies, es un ser completo, pequeño, un nuevo ser humano en el mundo. Y todo lo que él tiene eres *tú*.

¿Y ahora qué?

Este es uno de los cinco libros de la serie *La magia de crecer juntos*. En el primero, que es la base de los demás, reviso los siete pasos que necesitas para convertirte en el padre o la madre que realmente deseas ser. Intento mostrar el camino para que tus hijos estén satisfechos consigo mismos y con su entorno. Lo he escrito para ti, que tienes hijos entre 0 y 2 años. En los siguientes, me ocuparé de las distintas fases de la infancia, y pasaremos por los años escolares y la adolescencia, por todo aquello que te espera, tanto días alegres como tristes.

La educación infantil no tiene una sola dimensión, debe adaptarse al momento en el que se encuentre el niño. Los libros divididos por edades te mostrarán lo que tu hijo necesita en la fase concreta en la que se halle. Cada paso que él da camino hacia la edad adulta tiene sus propios retos y alegrías. Durante todo el proceso, debes ser capaz de *ver* dónde se encuentra.

En este libro te contaré cómo salir al encuentro del niño en sus primeros veinticuatro meses de vida. En la primera parte, te mostraré la importancia que tienen los siete pasos para tu bebé, y te ayudaré a que evites los errores más frecuentes que cometen los padres. ¿Qué es lo más importante que puedes darle a un bebé? ¿Qué debes pensar sobre los sentimientos que tiene un niño de un año? ¿Por qué no hace falta que te preocupes tanto por poner límites a tu hijo de dos años? Ser padres impone respeto. Es emocionante, importante y todo eso —por supuesto—, pero también da miedo. Debes asegurarte de que ese pequeño ser que está entre tus brazos un día pueda marcharse de casa y disfrutar de una vida plena fuera de ella. Debes encontrar cierto ritmo, crear una familia en la que estéis a gusto juntos, construir un lugar en el que tu hijo se sienta reconocido y adonde sepa que puede acudir siempre que lo necesite: un *hogar*.

En la segunda parte del libro, intentaré responder a las preguntas que se hacen todos los que acaban de ser padres. ¿Qué debes tener en cuenta sobre el sueño, el juego, la comida y el lenguaje del niño? Y no menos importante: ¿qué necesita aprender de ti? ¿De qué cosas no debes preocuparte? Pero lo más importante de todo es que, desde el primer momento, te ayudaré a crear un *lazo* entre tú y tu hijo.

Ahora es cuando construyes la seguridad y la autoestima que el niño necesita tener para enfrentarse a todos los retos con los que se encontrará a lo largo de su vida. Para salir airoso de las noches difíciles y para disfrutar de los días llenos de pompas de jabón y risas. Para ganar y para perder. Para dar sus primeros pasos y las titubeantes pedaladas de las primeras veces que monte en bicicleta. Para todo. Es ahora.

Los dos primeros años de la vida son realmente mágicos. No encuentro mejor manera de expresar el increíble viaje que es pasar de tener un bebé indefenso tumbado a tu lado a hablar con tu hijo mientras camináis juntos. Pasar de que él no pueda hacer nada a que no haya nada que no quiera hacer.

Dos años son una eternidad, todo un universo. Te sentirás desesperado y a veces tendrás miedo. Habrá días en los que dudes de si estás haciendo lo correcto, y otros en los que sentirás una felicidad cuya existencia desconocías.

En la pequeña estantería de mi despacho, bajo las grandes ventanas que debería limpiar, hay muchos manuales. Los más viejos tienen las tapas gastadas, dan testimonio de que llevo unos cuantos años en este trabajo. Ahora, aquí sentada, pienso que todos estos años he estado diciéndoles lo mismo a los padres: tu hijo te necesita *a ti*.

La vida os dará sustos, a ti y a tu hijo, así son las cosas. No existen los padres perfectos, pero el niño te necesita *a ti*. El niño pequeño depende por completo de ti: necesita que estés muy cerca, cara a cara, que lo arropes, que lo alimentes. Necesita sentir tu piel. Tu hijo no necesita que lo hagas todo según un manual de instrucciones, que compres los pañales más sofisticados o la comida más ecológica. Tu hijo no precisa que te avergüences de sentir que no has tenido el cien por cien de éxito en el papel de padre o de madre. No necesita que le hagas unas fotos fantásticas o que tu entorno opine que tienes el aspecto de un padre perfecto o de una madre insuperable.

Es *a ti* a quien necesita, con todos tus defectos y tus fallos, con todas tus carencias. *Tú* eres y serás la persona más importante de su vida. Tu hijo necesita que lo hagas lo mejor que puedas, y que, cuando falles, intentes arreglarlo.

El pequeño ser que tienes delante: los diez deditos en las manos y en los pies, los suaves gorgoritos que llegan de la cuna, los ojos abiertos, la sonrisa que pronto esbozará. Este es el principio de la tarea más importante a la que te enfrentarás.

En realidad, lo que te espera —además de cambiar pañales y oír muchos llantos, y de la falta de sueño y los sucesivos motivos de preocupación— es una larga serie de pequeños milagros.

Te esperan muchas cosas buenas: se aproxima el tiempo de los milagros.

SIEMPRE HAY SITIO

Hay niños deseados y niños que llegan como una gran sorpresa. Hay niños tan ansiados que llegan después de años de ilusiones, desengaños e impaciencia. De otros niños, cuando empiezan a formarse en la barriga de su madre, puede que sus padres piensen: «¿Es una buena idea?». Hay muchas historias detrás de cada vida que se engendra, pero todas acaban con la llegada de un bebé.

Sea cual sea el punto de partida, el niño siempre tiene su sitio cuando llega. Siempre es una alegría recibir a un hijo. Siempre es algo bueno. El parto anula las dudas y las preocupaciones. Sé de lo que hablo, sé lo que supone estar angustiada y lo que ocurre cuando el niño está entre tus brazos; es una parte de tu vida, un amor.

Siempre hay sitio para él. Harás todo lo que puedas para canalizar ese nuevo amor que sientes, ese espacio que se abre.

EL PRINCIPIO

Es extraño que lo recuerde todo. Ha pasado un cuarto de siglo desde que tuve a mi primer hijo, pero es como si todos los detalles de ese día siguieran presentes. Hacía en Oslo una de esas primeras mañanas frías que llegan en octubre, esos días en los que ya no hay marcha atrás. Recuerdo los listones de plástico de la habitación en la que estaba, el olor a suelo recién fregado y las sábanas esterilizadas del hospital. Y recuerdo el extraño silencio que sigue al parto, los ruidos del pasillo al que daban otras habitaciones en las que otros niños venían al mundo. Un coro de nuevos seres. Muchas esperanzas nuevas.

Miraba a mi hijo recién nacido y pensaba en lo raro que resultaba que estuviera tan bien. Sus minúsculas uñas estaban donde tenían que estar, sus ojos poco a poco se acostumbraban a la luz, sus finos labios saboreaban el aire. Puede que esto vaya a sonar extraño, pero el niño era un ser independiente. No era parte de mí, era tan solo él mismo. Un desconocido recién llegado. Me pegué a él y susurré: «Te protegeré de todo». Ahora puede sonar un poco grandilocuente, pero entonces no fui capaz de articular otra cosa. Pasó bastante tiempo hasta que me di cuenta de que no era cierto.

Protege al recién nacido

Un parto siempre es una cuestión de vida o muerte. Lleva aparejada una crudeza que casi resulta extraña en esta era tecnológica. Dar vida es lo más cerca que puedes estar de tu naturaleza. Esa vivencia irá siempre contigo, da igual que seas la mujer que da a luz o su pareja. Ese momento forma parte de ti.

Y al otro lado del dolor se abre algo nuevo y desconocido. Debes proteger esta pequeña y nueva unidad que sois vosotros. Al principio, las interferencias con la pequeña unidad que habéis creado deben ser mínimas. Los primeros días tenemos poca resistencia. Todo se vuelve frágil de una manera hermosa, pero frágil, al fin y al cabo. Todo te puede afectar. Puede ser el comentario que deja caer tu suegra o una enfermera algo crítica. Hasta arriba de endorfinas, yo pensaba que estaba en condiciones de correr una maratón nada más dar a luz, pero al tercer día no fui capaz de ir al supermercado, y me daba algo si tenía que elegir entre dos tipos de tomates. La reserva de estrógenos se termina y a tu cuerpo le llevará un tiempo recuperar el equilibrio. Lo único que sirve de ayuda es recibir apoyo, sentir la cercanía de tus seres queridos, estar en calma.

Al ensalzar todo lo positivo que conlleva un parto, otro factor del que no se suele hablar lo suficiente es el esfuerzo físico, de qué forma tu cuerpo puede sentirse maltratado durante largo tiempo.

No hay una manera prudente de parir, y se puede tardar mucho en cicatrizar. Los crudos detalles suelen desaparecer de nuestro relato, pero

COMPARTE EL INSTANTE. Los momentos inmediatamente posteriores al parto son de cercanía entre tu bebé y tú, pero también son instantes hermosos para compartir. Si das a luz sola, debes ser consciente de que es una vivencia que probablemente desees experimentar junto a alguien. En ese caso las redes sociales no bastan. Necesitas a alguien con quien compartir la alegría cara a cara.

dar a luz a un ser humano tiene su coste. Y esto es aplicable también a las cesáreas. Duele la cicatrización de los músculos y los tejidos abdominales y duele no poder levantar a tu hijo. Para esto no hay una solución sencilla.

No conozco a nadie que haya tenido un parto completamente normal. Para muchas mujeres es un momento dramático, y en muchas ocasiones he pensado que debería haber un punto de encuentro para que las mujeres pudiéramos hablar del parto, para que pudiéramos expresar mediante palabras lo más extraño que vamos a hacer en nuestra vida. Es bueno intentar describir el proceso por el que has pasado, escribir tu historia, encontrarle su sitio.

La seguridad

Tener un bebé implica que lo puedes perder. Enseguida te planteas qué es lo que el pequeño necesita o de qué habría que protegerlo. Los padres sensatos ven un peligro en cada pieza de Lego, en cada adulto que mira al niño de manera sospechosa, en las manos sucias y en los traicioneros virus. Todo puede convertirse, de repente, en un mundo lleno de peligros y obstáculos: una prenda de ropa que no es lo bastante buena, unas sábanas confeccionadas con un tejido de mala calidad, unos trozos de comida con los que el niño se puede atragantar... La lista es interminable. Es completamente natural, así es como somos: *debes* tener un poco de miedo.

Un bebé no sabe que debería dormir boca arriba. A los seis meses, puede rodar hasta caerse del cambiador. A los ocho, puede gatear sin obstáculos hasta la escalera. Un niño de un año puede coger algo del suelo que podría acabar atascado en su garganta, y otro que vaya a cumplir dos puede dirigirse con su paso inseguro hacia la carretera tan contento. Y tú debes asegurarte de haber tomado las medidas básicas para que no le pase nada.

MEDIDAS DE SEGURIDAD RECOMENDABLES

1. Haz que el niño duerma boca arriba en una estancia que no resulte ni muy fría ni muy calurosa.
2. Asegura las escaleras y las ventanas.
3. Comprueba que los muebles de gran tamaño no pueden volcarse sobre tu hijo.
4. Asegúrate de que el pequeño no tiene acceso a cocinas ni chimeneas. Comprueba los detectores de humos.
5. Cámbiale los pañales y dale otros cuidados en un lugar del que no pueda salir rodando.
6. Ten cuidado con el agua hirviendo y la comida caliente cuando el niño esté cerca.
7. ¡Nunca lo zarandees! Los niños pequeños son mucho más frágiles de lo que muchos creen.

No hay mucho más que puedas hacer. Es imposible prevenir todos los peligros de la vida, y en realidad son muy pocas las cosas que puedes hacer completamente mal con un niño.

A pesar de ello, muchos padres pasan de la preocupación a la angustia. Si has instalado una barrera en la escalera, pero sigues teniendo miedo, has pasado a sufrir un grado de temor que no es saludable. Si estás demasiado asustado, dejarás de ser accesible para el niño. Bloquearás tu capacidad para comprenderlo y estar cerca de él. Estarás más pendiente de tus propios temores que de estar con el niño, que es lo que deberías hacer.

Aquella mañana, en el hospital de Oslo, me equivoqué al susurrarle a mi hijo que lo protegería de todo. No es posible. No debes proteger a tu hijo de todo, pero debes ser la persona a quien siempre acuda. Debes ser su refugio.

LOS
SIETE
PASOS

CREAR LAZOS AFECTIVOS

¿De dónde proviene todo lo que nos convierte en los seres humanos que somos? ¿De qué depende nuestro desarrollo? ¿Qué nos hace felices? ¿Qué nos vuelve solitarios? ¿Qué nos da seguridad y qué nos desconcierta?

El bebé empieza a comunicarse contigo ya en la sala de partos. Desde el primer instante de su existencia, quiere mandarte pequeñas señales, quiere esperar para ver qué dices, quiere responder. Me parece algo hermoso que los seres humanos nos busquemos desde el principio, que queramos estar juntos. El pequeño prefiere oír la voz de mamá y papá, su olor, su piel cálida. Solo estáis empezando.

El niño y tú os acabáis de encontrar, y la infancia es un largo viaje. ¿Tal vez por eso el primer encuentro es tan fuerte? Ya des a luz o viajes para recoger al niño, nunca olvidarás la primera vez que lo veas. Algunos tardan en sentir el contacto cercano, a otros les sucede

> **Durante el primer año, no hay nada que aprender, nada que hacer. Lo que importa es alimentarlo, consolarlo, acariciarlo. Todo lo demás tendrá que esperar.**

en la borrosa primera ecografía, con el pequeño corazón que galopa desbocado. En todo caso, poco a poco irá creciendo entre vosotros eso que hace que os entendáis con palabras y sin ellas, lo que hace que tu hijo se sienta seguro precisamente *contigo,* lo que yo llamo *el lazo.*

Quienes me conocen saben que aprovecho cualquier oportunidad para hablar de ese lazo. Hablo de él con todos los padres con los que me encuentro, en todas las conferencias que doy. Seguro que he estropeado más de una cena hablando demasiado. No puedo contener mi deseo de que todo el mundo sepa cómo crear ese contacto con su hijo: sé que podría cambiar muchas cosas para cantidad de padres e hijos.

El lazo tiene tres partes. En el transcurso de los primeros veinticuatro meses de la vida del niño, puedes llegar muy lejos en la creación de la cercanía necesaria. El objetivo es que tu hijo sienta que tendrá siempre un hogar, una familia en la que siempre habrá un lugar para él exactamente tal y como es.

Ahora, tu cometido es crear ese vínculo, protegerlo, a cualquier precio, de todo lo que os espera.

El lazo equipa al niño para todo lo que esté por venir. Establece sus cimientos y determina si se convertirá en una persona autónoma, segura y lo suficientemente feliz; en una persona que interacciona bien con los que la rodean.

Suelo hablar de tres caminos distintos que debes seguir para llegar a la meta. Debes completarlos todos.

1. Crea una base segura

Crear una base segura quiere decir que, como padre o madre, estarás con tu hijo y lo ayudarás a hacer todo lo que no pueda conseguir por sí mismo. Ese será tu primer cometido. Y puede que suene más fácil de lo que realmente es, porque eso implica que tendrás que aprender a interpretar a tu hijo, a comprender qué quiere. Un recién nacido solo tiene una manera de avisar de que algo va mal: llora. En otras palabras, los primeros años estarán llenos de llanto, pero ese llanto será el que cree el contacto del que el niño depende por completo.

Nacemos inseguros. Tenemos frío, hambre, miedo. Durante mucho tiempo, el mundo será un lugar bastante desconocido. La seguridad requiere tiempo, se adquiere poco a poco. Es fácil sentirse abrumado por tanta vulnerabilidad, llanto e indefensión. Pero, si eres capaz de salir al encuentro de las necesidades del niño, estarás sentando las bases de una buena relación. Aunque te venza el cansancio, tanto canturrear dulcemente y tanto mecer son necesarios por un motivo.

Cada vez que te encuentras en una de esas circunstancias en las que tu hijo te necesita, le estás diciendo al niño: «Aquí estoy». Cada minuto es una inversión.

No hace mucho, vino una pareja a mi consulta. Esperaban el alumbramiento de su primer hijo y tenían muchas preguntas. El niño, que nacería en un par de meses, les seguía pareciendo algo muy lejano, sobre todo al padre. No resulta difícil de comprender: antes de nacer, el niño no existe. Solo hacia el final de la charla pareció darse cuenta de algo. Comprendió que iba a adentrarse en un territorio inmenso y, muy preocupado, dijo: «Pero ¿qué es lo que debo hacer *yo*? ¿Cuál es *mi* función?». «En realidad, es bastante sencillo», contesté. «Debes mostrarle al niño que existes, que contigo estará seguro.» Un recién nacido necesita infinitas dosis de cercanía y consuelo. Debes llevarlo en brazos, cantarle y acunarlo. Debes darte cuenta de cuándo te necesita. El padre se irguió y, esbozando una sonrisa, me dijo: «Eso sí que puedo hacerlo».

Desde el primer día, es importante que estés dispuesto a ofrecer cercanía y consuelo. Asiste a tu hijo cuando llore, ayúdalo de una manera que comprenda y pueda aceptar. Bésalo, acarícialo, sóplale y consuélalo. Serás el hombro en el que llore, un cálido refugio, el regazo más seguro. Así, serás el puerto seguro del niño.

SI CADA DÍA ERES CAPAZ DE MOSTRARLE A TU HIJO QUE TE ALEGRAS DE SU EXISTENCIA, CREARÁS UNA VALIOSA CERTEZA ENTRE VOSOTROS.

2. Crea una familia para el pequeño

La segunda parte del lazo que has de crear trata de que el niño necesita sentir que pertenece a algo más grande que él, que forma parte de la tribu. Que sois un *vosotros*, una pandilla. Al niño le encanta estar en una familia, y los detalles harán que sienta que forma parte de algo.

Los niños necesitan que se repitan ciertas cosas: su plato azul, su mantita de siempre, sus juegos favoritos de siempre. Ya desde su primer año, tu hijo notará si has adaptado el entorno para él, si estás creando un hogar en el que tiene su sitio. Por eso, los juguetes no deben estar en su cuarto, sino donde vosotros estéis juntos. También son importantes las rutinas y los hábitos. El niño necesita saber que su familia tiene algo que es suyo únicamente, un estribillo exclusivo del que todos conocen la melodía. Necesita que algunas cosas se repitan a

Hay niños a los que resulta difícil acercarse. Se apartan, no quieren consuelo ni caricias, pero eso no quiere decir que se las arreglen solos. Si tu hijo es así, debes seguir indagando. Acaríciale cuidadosamente las manos o los pies. No puedes obligarlo a que se sienta seguro, pero dejar que caiga en la soledad nunca es una buena solución.

diario en su casa, que las comidas se compartan de una manera especial, que se canten las canciones que le gustan, que se lea precisamente *ese libro* antes dormir. A los niños les gusta reconocer a sus padres y el ritmo de su convivencia.

Suelo dar un consejo muy sencillo: en los años venideros, cada vez que tu hijo entre en la habitación, dale la bienvenida con entusiasmo y amor. Una y otra vez. Así os sentiréis unidos, seréis un *nosotros*.

Con el paso del tiempo, se irán incorporando nuevas compañías. Los abuelos o unos amigos cercanos pueden ejercer de canguros, tal vez llegue el momento en el que vaya a la guardería o se quede a cargo de alguien que le cuide. El niño debe sentir que también le pertenece cada nueva parcela que va explorando. Los hijos necesitan tener pequeñas rutinas estables: una taza en el armario, un juguete en el cajón, un adulto al que conoce. Todas esas pequeñas cosas que tu hijo puede ir almacenando.

Da igual que seáis pocos o muchos en *vuestra* familia: cada uno necesita tener su lugar. Cómo lo consigáis no importa demasiado. La forma de hacerlo cambiará de una familia a otra, pero para el niño es vital poder sentir: «Pertenezco a algo que es más grande que yo».

3. Reconoce sus sentimientos y hazles sitio

Debes aceptar todos los sentimientos del niño y entender que están ahí por algún motivo. En todo lo que está por venir, es importante que intentes comprender a tu hijo y salir a su encuentro, esté donde esté. Cuanto más mayor sea, más te costará. Un recién nacido necesita que lo acunen y consuelen, mientras que con un niño de dos años tendrás que hablar, desenredar la madeja para descubrir qué le pasa.

Llegará un día en el que tu hijo reaccione con desesperación ante una circunstancia que a ti no te parecerá importante. Cuando tenga un año y medio, tal vez le hayas dicho que ibais a ir andando a la guardería y al final hayáis cogido el coche, y se sienta muy decepcionado. En estos casos, es frecuente que la reacción de los padres sea decir: «¡Venga ya! ¡No te puedes poner así por esta tontería!».

APRENDE A DISFRUTAR
DEL LLANTO

El llanto es el lenguaje del bebé. No tiene nada de malo ni debe asustarnos, es la única manera para comunicarse; solo así puede decir «te necesito», «tengo calor», «me siento solo», «tengo hambre». Cuando los hijos lloran, expresan que precisan estar en contacto contigo, es la señal de que te necesitan y te esperan. Las dos cosas dicen algo positivo del lazo que os une, pero el llanto no quiere decir que tengas que soltar todo lo que lleves en las manos e ir corriendo al primer gemido.

Si los niños lloran durante periodos prolongados sin que los consuelen, sin que los cojan en brazos, a la larga esto les provocará un estrés perjudicial para su desarrollo. Pero el hecho de que un niño comunique mediante el llanto que necesita algo no es peligroso y no perjudicará su desarrollo. El llanto es, sencillamente, normal, lo que somos en nuestra faceta más humana. Algunos niños lloran mucho, con fuerza, otros son más prudentes. El cometido de los padres es aprender a interpretar y comprender a los hijos, y así poder crear la seguridad que estos necesitan. Eres tú quien debe recordar que el llanto, por muy agotador que resulte a veces, es la única posibilidad para que tu hijo pueda decirte: «Ahora necesito que estés cerca y me ayudes».

Todos estamos «programados» para reaccionar ante el llanto infantil. Por eso nos duele tanto dejar que un niño llore, porque mediante el lloriqueo nos dice que nos necesita.

Así, estarás banalizando los sentimientos de tu hijo, y este se sentirá tonto, incapaz. Pero si dices: «¿Creías que íbamos a ir andando? Sí, eso es más divertido, pero precisamente hoy no nos da tiempo», habrás tomado en serio lo que él ha experimentado, lo habrás entendido y habrás dado cabida a ese sentimiento. Es así como se enseña a los hijos que expresar los sentimientos está bien.

Los dos primeros años de la vida de los niños están repletos de ira, alegría, desesperación y amor, de sentimientos intensos y puros. Eres tú quien debes mostrar a tu hijo que todos ellos tienen cabida, que él siempre tiene su sitio, el que le has preparado. Por eso eres tú quien, de manera gradual, debe ayudarlo a verbalizar lo que siente y mostrarle el camino que ha de seguir para salir de un sentimiento intenso. Sin temor a equivocarme, puedo decir que será laborioso; pero, cuanto más experimente un niño que el mundo es un lugar seguro en el que sus sentimientos tienen cabida, mejor le irá en la vida.

Refrendar los sentimientos del niño equivale a sintonizar su misma frecuencia, dar con el sentimiento en el que se encuentra y mostrarle que también lo aceptas, que lo entiendes. Puede que esto no te parezca grandioso, pero es un acto cargado de fuerza. Dile a tu hijo: «¿Sabes qué? Me doy cuenta de cómo te encuentras y de quién eres. Y me parece muy bien. Me quedo contigo». Es lo mejor que puedes hacer por otro ser humano, da igual si es un adulto o un recién nacido, y el niño lo necesitará durante toda su infancia.

Tu vía de acceso

Si sois dos progenitores, los dos debéis establecer el lazo con vuestros hijos. Uno de vosotros será el primero que descifre el enigma, y el niño cogerá todo el amor que pueda recibir. Hablé con un padre que pensaba que su hijo de pocos meses lo rechazaba. «Si no quiere estar conmigo, será mejor que se salga con la suya», decía para zanjar el tema. «No creo que sea una buena idea», le contesté. «Eso hará que la madre asuma toda la responsabilidad, con lo que tú perderás el vínculo con él».

Es frecuente que los padres varones partan con cierta desventaja porque no tienen leche. El niño de año y medio, con frecuencia, apartará a papá cuando intente besar a mamá: el pequeño quiere a mamá para él solo y busca con más ahínco allí donde el contacto es mejor. Esto cambiará. Pasado un tiempo, cuando el hijo cumpla ocho años y busque su masculinidad, papá será lo más grande del mundo.

Es bueno que haya alternancia, el niño necesita cosas diferentes en momentos distintos. Pero no dejes que ese sea motivo para no

EL NIÑO TE NECESITA, Y NECESITA TAMBIÉN TENER LA SEGURIDAD DE QUE TODOS SUS SENTIMIENTOS SON COMPRENSIBLES Y MANEJABLES.

esforzarte: el niño siempre deseará la presencia de dos progenitores. La igualdad no quiere decir que ambos deban tener exactamente la misma relación con su hijo, se trata de que uno y otro se vinculen a él y le proporcionen seguridad, cada uno a su manera.

Algunos padres necesitarán un poco más de tiempo para enamorarse del bebé, y para dejar que el bebé se enamore de ellos.

«¿Puede que necesites dedicarle un poco más de tiempo a sus cuidados antes de ir a dormir, a buscar su proximidad?», le pregunté al padre. «No es que no quiera estar contigo, es que ha elegido a una madre muy buena, esta mujer fantástica con la que escogiste tener hijos», le dije a continuación. Esbozó una sonrisa, estaba claro que le gustaba ese razonamiento.

El rechazo es un sentimiento doloroso. Es fácil apartarte cuando sientes que tu bebé no quiere saber nada de ti, pero dale un poco más de tiempo, y todo se arreglará. Para el niño, es un lujo maravilloso tener dos padres, busca tu manera de hacerlo, encuentra tu ruta de acceso.

Deja paso al amor

Antes de afirmar nada más en este libro, estoy obligada a decir lo siguiente: lo que quiero que tengas claro para estos dos primeros años es que debes enamorarte de tu hijo. Debes hacerle sitio al amor. Esa es la base de todo lo demás.

Deja que el amor entre vosotros ocupe tanto espacio que vuestro vínculo soporte todo lo que traigan los años siguientes.

Pasa tiempo con este nuevo hijo, estás obligado a permanecer junto con él, pendiente de él. Habla con él, juega con él, acarícialo, tenlo

Todos los niños son diferentes, llegan y son ellos mismos, sin más. El carácter de tu hijo influirá sobre la facilidad o la dificultad con la que te encuentres a la hora de crear un lazo entre vosotros. Pero recuerda que la responsabilidad siempre será tuya. Tú eres el adulto, tú eres quien debe asegurarse de que el lazo se haga lo bastante fuerte como para resistirlo todo.

cerca de ti, susúrrarle, ámalo. Deja que el enamoramiento eche raíces, que llegue el amor.

Y, sí, entiendo que son palabras altisonantes, pero es que no parece haber palabras que abarquen lo que quiero decir, esto es lo más cerca que soy capaz de llegar.

El lazo entre vosotros debe ser capaz de resistirlo todo. Algunos días te parecerá imposible, brotarán las lágrimas y aparecerá la enfermedad. Sufrirás severas derrotas, se te romperá el corazón y saldrán de tu boca palabras que preferirías no haber dicho. Vendrán los portazos, las noches en vela, las heridas. Y las oportunidades para pedir perdón. Os reconciliaréis. Llegará el día en que tu hijo camine, monte en bicicleta. El día que dé su primer beso, que recoja las cosas de su cuarto y se vaya de casa. Y puede que llegue el día en el que tu hijo tenga entre sus brazos a su propio bebé.

Debes dejar paso al amor. Construirlo, dejar que ocupe su espacio, darle tiempo, celebrarlo, protegerlo y tenerlo presente cuando lleguen los días grises.

Estos primeros años de la vida son para enamorarse. Todo lo demás llegará enseguida. Pero ahora debes pensar a lo grande, con palabras impactantes. Ahora debes dejar sitio al amor, darle paso.

Quédate conmigo, tócame,
sujétame, méceme, acaríciame.
Un ser humano recién nacido está
completamente predispuesto a
que lo toquen. Todos los demás
sentidos palidecen en comparación.
Es vital acariciar al niño en sus
primeros años. Estar muy cerca de
él, piel con piel, persona con
persona.

Esto hará que tu hijo se sienta más
seguro y que esté más sano.

Y es el camino más rápido para
llegar al interior de tu hijo,
a la seguridad que necesita.

LOS ERRORES MÁS FRECUENTES DE LOS PADRES

DE 0 A 3 MESES

Te falta contacto. Tantas novedades pueden abrumar completamente a muchos padres. Durante las primeras semanas, los niños proporcionan poco contacto. Tu hijo no te corresponde con esa pequeña sonrisa que pronto llegará, no fija la mirada, parece que no está presente del todo. Eso hace que sea vulnerable. Los padres pueden desesperarse cuando su hijo se limita a llorar. Muchos pasan horas solos con un niño a quien no conocen y con quien no consiguen comunicarse. En esta fase, los hijos están especialmente expuestos a zarandeos y apretones, y son muy poco resistentes. Si te sientes desesperado, es mejor que lo dejes. Cualquier cosa antes que zarandear o apretar a un bebé con demasiada fuerza. Busca alguien con quien hablar, alguien que te pueda confirmar la verdad: «Esta situación es pasajera, mejorará».

DE 7 A 12 SEMANAS

¡No te enteras! Para muchos niños, es como si hubieran dado a un interruptor. De repente, están presentes en el mundo, están pendientes de lo que ocurre y se relacionan con su entorno. Empiezan a buscar contacto con las cosas, pero muchos padres están demasiado ocupados con sus propios asuntos —o con el teléfono— como para enterarse. Algunos niños necesitan ayuda para ponerse en marcha. No dejes que tu hijo permanezca tumbado, en silencio, inmóvil. No es un hámster. Quédate con el niño, comprueba cómo está, intenta conectar con él. Los niños necesitan provocar una reacción en ti, esa es su manera de aprender. Aún recuerdo dónde estaba la primera vez que mi hijo sonrió. Es un gran descubrimiento para un ser humano y el niño necesita que reacciones con alegría. Desde muy pequeños, estamos «programados» para dialogar: el bebé emite unos sonidos y tú respondes. Es importante que le dejes responder. Así empieza vuestra primera conversación, así estaréis unidos.

DE 4 A 6 MESES

Dejas que el niño sea pasivo. El niño empieza a controlar y ahora es importante que le des la oportunidad de desarrollarse. A esta edad, los niños empiezan a aburrirse, y eso es bueno, da a entender que quieren algo más. El mayor error que cometen los padres es colocar a sus hijos en una hamaquita o delante de la pantalla de un televisor –de manera demasiado frecuente– y dejar que ese sea todo su entretenimiento, mientras ellos hacen otra cosa. Los niños necesitan estar activos para conseguir una evolución positiva. Necesitan poder estirarse, dar vueltas, levantarse, arrastrarse, expandirse. Si el bebé «se queja», no es que sea difícil o exigente, es un niño que expresa lo que necesita.

A LOS 6 MESES

Sobreproteges. Tu hijo experimenta un desarrollo tremendo, y te exige mucho. Pasa más tiempo despierto, empieza a gatear y, allá donde vaya, intenta levantarse. Sillas, escaleras, mesas, sofás: todo le da la oportunidad de ponerse de pie. Eso no quiere decir que tu pequeño sea especialmente temerario, solo significa que está aprendiendo a caminar. Tu trabajo es dejar que se caiga. Parece inseguro, deja que pierda el equilibrio. No pasa nada si se cae de culo. En esta fase, el verdadero peligro es que te preocupes demasiado de que no se caiga. Si lo haces, estarás frenando su desarrollo.

A LOS 12 MESES

No dejas al niño libertad.
Una parte importante de la
evolución del niño es que se
relacione con otras personas.
Cuánto se relacione y cuándo
lo haga dependerá de cada
familia y de las características
de su entorno. Es así como
funcionan el mundo y el niño.
Sin prisa, pero sin pausa, debe
empezar a formar parte del
mundo real, más allá de la
seguridad de su hogar. Deja
que se acostumbre a otros
adultos: un canguro, una
cuidadora o los empleados de
la guardería. Intégralo en la
sociedad poco a poco y déjale
bien claro que lo dejas con una
persona en la que confías, que
todo irá bien. No exageres ante
su reacción: no está enmadrado
ni empadrado si prefiere
quedarse contigo, sencillamente
se ha acostumbrado a que tú
seas su lugar más seguro.
Necesita tu ayuda para
aprender que el mundo
está lleno de personas con
quienes puede encariñarse,
con quienes puede estar bien.
Es difícil, y a muchos les
resultará doloroso y les dará
miedo, pero debes dejar que
tu hijo se vaya soltando
de una manera segura.

A LOS 18 MESES

No le das un lenguaje. Los niños de esta edad no dicen gran cosa, pero lo absorben todo. Es como si el idioma se acumulara en su cerebro esperando a madurar. Aunque tu hijo no diga gran cosa, ¡habla con él! El niño sabe más de lo que crees. Cuando salgáis, busca un interés común, habla de las excavadoras, los árboles, la luna y los taxis. Habla de las tiendas, el agua, los rascacielos y las gaviotas. ¡De todo lo que veáis! Deja que el niño señale las cosas y entra con él en el mundo del lenguaje, al que se está abriendo. Al principio, irá despacio; luego, notarás que coge una velocidad fascinante.

Participa en las experiencias de tu hijo. Eres tú quien le transmite el lenguaje, eres tú quien le muestras lo divertido que es. No te limites a aparcar el carrito delante de una excavadora, agáchate y contempla esa extraordinaria máquina junto con él. Para los adultos, es fácil desconectar cuando no todo resulta igual de emocionante, pero tu hijo necesita que observéis las cosas juntos y habléis de ellas: así es como él aprende.

A LOS 24 MESES

Exageras. Los niños de dos años son seres maravillosos. Van por ahí creyendo que casi todo es interesante, con frecuencia están de buen humor y quieren decir frases cada vez más largas. Son tantas las cosas que van encajando que es fácil pensar que parecen más sensatos de lo que en realidad son. Pensarás que deberían comprender que han de compartir sus cosas, o que estás harto, pero siguen yendo a los suyo, y hay que dejarlos.

Sé paciente y curioso, alégrate de todo lo que tu hijo es capaz de hacer y de lo rápido que se desarrolla, pero recuerda que un niño de dos años es, ante todo, un minúsculo ser. No hace falta que pienses demasiado en cómo educarlo durante esta fase, solo debes quererlo, y esforzarte por ir solucionando –de la mejor manera para todos– las dificultades que puedan presentarse.

FALSAS PERCEPCIONES
QUE SON POSITIVAS

¿Eres de esos que opinan que su hijo es fantástico, que es distinto de todos los demás niños? ¿Crees que precisamente tu hijo parece un poco más hábil que el resto de los niños? ¿De verdad piensas que hace algo que los demás no han hecho aún? ¿Crees que es más guapo que la mayoría de los niños?

Bien, en ese caso eres como todos los padres. Y aunque lo más probable es que te equivoques, está muy bien que lo hagas.

En mi profesión, la psicología, estas se denominan «falsas percepciones positivas»: los padres se entusiasman tanto con sus hijos que la gente que los rodea se queda con los ojos en blanco. En realidad, este entusiasmo incondicional es un regalo de la naturaleza. Es el que nos brinda la posibilidad de centrarnos en nuestro hijo. Esas falsas percepciones nos proporcionan el impulso que necesitamos para darle al niño toda la atención de la que depende por completo, la energía que nos conecta con él. Siempre he pensado que son como la luz artificial en un invernadero. Esas potentes lámparas que emiten una luz especial, colgadas sobre pequeños y delicados brotes, constituyen una buena metáfora de la manera como somos con nuestros hijos. Somos la luz que hace que los pequeños brotes vayan más lejos, se muevan más deprisa, gracias al reflejo de nuestro incondicional entusiasmo. Así crecen los niños. Así sienten que serán capaces de conseguir aquello que, en principio, no les sale.

Con el tiempo, cuando las plantas ya son lo bastante robustas y no necesitan atenciones especiales, las llevamos bajo la luz natural, al mundo real, donde ya pueden sobrevivir por su cuenta.

APRENDER A CONTROLAR LOS SENTIMIENTOS FUERTES

Es fácil sobrevalorar las capacidades de los niños. Cuando cumplen un año, cuando han aprendido a caminar y luego empiezan a hablar, pueden parecer pequeños humanos completos. No lo son.

Siempre me preocupo de decirles a los padres con los que me encuentro lo poco que verdaderamente pueden esperar de ellos. No puedes pedirle a un niño de dos años que se controle, sencillamente porque no está en condiciones de hacerlo. No puedes contar con que comparta sus cosas con otros niños, que se sienten bien a la mesa o que comprendan lo peligroso que es salir a la carretera. Todavía no tienen el cerebro en esa fase. Así es como estamos hechos.

Ahora mismo, tu hijo está lleno de los sentimientos grandes y definidos: miedo, alegría, ira, amor. Eso quiere decir que, en realidad, resulta muy fácil relacionarse con él, ya que faltan unos años para que aparezcan sensaciones más complejas, como la vergüenza, la culpa y el orgullo.

Durante los primeros veinticuatro meses, los niños no son capaces de comprender el alcance de sus acciones, no pueden valorar sus consecuencias y no pueden planificar el futuro. Seguro que se meterán en más líos, y estarán más desesperados de lo que te parecería razonable.

Por ello, tu labor es ser paciente y hacer que tus hijos sepan que todos los sentimientos están permitidos. También, dotarle de un lenguaje con el que verbalice las sensaciones que experimenta, sin prisa, pero sin pausa. Así le darás el mejor punto de partida para la vida futura.

Calmar a un bebé

En ocasiones, todavía echo de menos la sensación de calmar a un bebé. Es algo natural establecer esa comunicación con él, alcanzarle con palabras de consuelo, mecerle con cuidado, arrullarle. Salir al encuentro de sus sentimientos es seguir tus instintos, conocer a ese pequeño recién llegado y seguir tu olfato hasta que los dos os encontréis.

NO PUEDES PEDIRLE A UN NIÑO PEQUEÑO QUE ESPABILE O QUE SE CONTROLE, SENCILLAMENTE PORQUE NO ES CAPAZ DE HACERLO.

Dentro de nada, llegará el lenguaje y lo cambiará todo, pero ahora solo estáis vosotros en esta pequeña y cercana burbuja en la que las palabras están ausentes.

El cerebro es un solar en obras

Estoy convencida de que los padres con conocimientos sobre el cerebro de los pequeños podrán enfrentarse mejor a los retos de la vida diaria. Los niños de esta edad todavía no han desarrollado la conexión entre los sentimientos y los pensamientos. Son principiantes. Sus cerebros son un solar en obras. ¿Qué efectos tiene esto para ti? Pues, por ejemplo, que no puedes pedirle a un bebé que piense en las consecuencias de sus actos. No le puedes decir a un niño de año y medio: «Pero si te dije que no tocaras el horno...». En su lugar, debes conseguir que el hogar sea un lugar tan seguro como sea posible, para que tu hijo no esté expuesto al peligro. No puedes esperar que no tire al suelo tu teléfono porque ya se lo hayas advertido antes. El niño no recordará que hay algo que te molesta. Tampoco puedes decirle que *tiene que* comprender que no debe tener miedo, que *tiene que* entender que se pasará lo que sea, que *tiene que* controlarse.

Como adulto, puedes tener un sentimiento intenso —por ejemplo, de ira—, intentar comprender de dónde viene tu enfado y cuál sería la manera correcta de expresarlo. La mayoría de nosotros somos capaces de hacerlo bien. Los niños pequeños no tienen ninguna posibilidad de controlar algunos de los intensos sentimientos que experimentan. Si esperas que tu hijo de dos años exprese su enfado de manera aceptable, sencillamente estarás exigiéndole demasiado. Sin embargo,

¿Por qué soplamos sobre las heridas? Soplar es una manera de mostrar al niño que te importa lo que le ocurre y que sientes su dolor. Al soplar donde le duele, compartes su sentimiento y demuestras que este significa algo para ti. En eso consiste contactar con el niño, estar juntos. Durante toda la vida, el dolor será más fácil de llevar si lo compartes con alguien, y eso vale también cuando te pillas un dedo.

esto lo hacemos constantemente. Por eso, creo que es buena idea recordarnos los unos a los otros que uno de los primeros errores que puedes cometer con un niño pequeño es sobrevalorar sus capacidades.

Escucha lo que el niño dice

No hace mucho, visité a un amigo que vive en uno de los nuevos bloques de pisos que se han levantado por toda la ciudad. Su hija de once meses lloriqueaba en el suelo. «No le hagas caso, está intentando tomarme el pelo», me dijo. Después, me explicó que era imposible que su hija tuviera hambre, que seguramente solo se quejaba porque quería llamar la atención.

Mucha gente atribuye a sus hijos intenciones inexistentes. Resulta sencillo atribuir al niño sentimientos que son tan complejos que es imposible que los tengan: «Se está haciendo el valiente», «Finge», «Solo quiere provocar». Muchas de las situaciones negativas con los niños se originan porque nosotros, los adultos, creemos que hacen algo por despecho o para provocar, y nuestra reacción es enfadarnos.

Entiendo muy bien que, a veces, puedas tener la sensación de que tu hijo llora solo para ponerte a prueba, pero lo cierto es que nunca es así. El niño llora porque tiene hambre, porque está cansado, porque necesita contacto con alguien, porque le duele el estómago o por razones similares.

En el momento en el que piensas: «Haces eso solo para molestarme», dejas de tener contacto con tu hijo. Cuando tiene un año y medio, saca la yema del huevo y la tira sobre la mesa como si fuera una pelota de tenis, puedes decir: «¡No hagas eso!», pero la probabilidad de que ese acto resulte demasiado emocionante y de que tu hijo no pueda evitar ejecutarlo es —más o menos— del cien por cien. Evita pensar: «Me está poniendo a prueba». Debes esforzarte en no convertir a tu hijo en un contrincante. Si lo consigues, serás un guía mejor: al entender que las yemas de huevo parecen pelotas, podrás intentar caminar con el niño. Y cuando veas que esto no da resultado, que lo ensuciáis todo o hacéis demasiado ruido, debes intervenir y guiarle: «Es chulísimo, pero ahora vamos a buscar otra pelota».

Muchos padres se convierten en adictos a las teorías de la conspiración, pero nunca he conocido a un niño de dos años que conspire contra sus padres. No se trata de ti, se trata de un niño que necesita tenerte cerca o que encuentra emocionante investigar sobre algo. Y puede que sea precisamente eso lo que esté intentando decirte cuando te irritas: «Siento curiosidad por esto, me gusta investigar, es divertido y emocionante».

Tu hijo no puede aprenderlo todo aún, pero acabará haciéndolo. Si vas junto con él, si eres su compañero de juegos, el camino será mucho mejor para los dos.

Relaciona el lenguaje y los sentimientos

Enseguida llega el lenguaje, y aparece como una lluvia cálida. Primero unas pocas palabras, luego algunas más, y después estas se unen en frases y forman pequeñas historias, se convierten en una laguna mágica de letras. El lenguaje es importante porque es el puente entre lo que sientes en tu interior y todo lo que hay aquí fuera.

La relación entre el lenguaje y los sentimientos es fundamental para un pequeño ser humano. Tu hijo necesita saber que todos los intensos sentimientos que se arremolinan en su interior son comprensibles y manejables. Necesita saber que tú siempre tendrás un lugar para todo lo que pueda pasarle. Esa labor empieza en el mismo momento de su nacimiento. Acostúmbrate a tener siempre en cuenta los sentimientos de tus hijos, aunque no recibas una respuesta muy larga. Dile: «Vaya, ¿te sientes un poco cansado? Lo entiendo. Nos iremos a dormir». Pregúntale: «¿Estás listo para jugar? ¿Te gusta que haya empezado un nuevo día? ¡Yo también me voy a levantar y podremos estar juntos!». Relaciona el lenguaje con los sentimientos, muéstrale que le entiendes, ayúdale para que pueda expresar con palabras —poco a poco— lo que ocurre a su alrededor y dentro de él. Utiliza la mímica, los sonidos, el lenguaje corporal. Demuestra que lo comprendes con cada fibra de tu ser, no solo con tus palabras. De esta manera, el niño lo entenderá mejor, te seguirá con más facilidad y vuestro vínculo se reforzará.

¡NO HAY MOTIVO PARA LLORAR!

Cuántas veces lo habrás pensado. Cuántas habrás escuchado a otros padres decir: «¡Déjalo ya! ¡Pero si no tienes ningún motivo para llorar!». Y luego añaden: «¡Deja de portarte como un bebé! Ya eres un niño grande».

Durante los primeros años, oirás a tu hijo llorar por montones de cosas que no son motivo de llanto en absoluto. Un helado que se cae al suelo, unos juguetes escondidos en el coche, un palo que ha perdido en el parque, cositas insignificantes que hacen llorar a los niños. ¿Cuándo aprenderá que esas no son razones para llorar, que la vida conllevará problemas mucho más importantes que esos?

Pues lo hará en algún momento del final de su adolescencia. Hasta estonces, al niño le parecerán grandes catástrofes los acontecimientos más nimios. La explicación es sencilla: en una vida menuda, las cosas pequeñas son grandes. Comprender lo que ocurre y manejar la situación depende de ti. Tendrás que ir cambiando la manera de hacerlo según el niño vaya creciendo, pero nunca le debes decir que sus pensamientos son erróneos o infantiles.

Si le dices a tu hijo que llorar está mal, que es infantil y absurdo, el mensaje que le llegará es el siguiente: «A mis padres les parezco tonto». Eso le hará sentirse solo.

¿Confiarías en alguien cercano que te hiciera sentir insignificante y estúpido? Probablemente, no. El niño confiará menos en unos padres que le haga sentirse inferior. Cuando un niño llora por una tontería, es porque esa tontería le resulta difícil de manejar.

Le enseñarás mucho más de la vida a tu hijo si le dices: «¿Te ha dado pena dejar el palito en el parque? Ya lo sé, pero estará bien allí. A los palos les gusta estar en el parque, y mañana podemos ir a saludarlo. ¿Qué le vas a contar cuando lo veas?». De esta manera, asocias los pensamientos con los sentimientos, sitúas a tu hijo en el momento en el que se encuentra y le das a entender que la vida sigue.

LOS HIJOS NECESITAN ADULTOS QUE LES DEN CONSUELO Y ESPERANZA, TANTO CUANDO SE CAEN AL SUELO Y SE HACEN DAÑO EN EL SALÓN DE CASA COMO CUANDO, AÑOS DESPUÉS, SE ENAMORAN DE LA PERSONA EQUIVOCADA O CONFÍAN EN QUIEN NO DEBIERON HACERLO.

Habla con tu hijo sobre qué sienten y sobre qué deben hacer con esos sentimientos. Muéstrale que lo ves, que lo acompañas en ese preciso sentimiento y que puedes ayudarlo siempre que le haga falta: «¿Te has asustado un poco? Uf, no es divertido, pero poco a poco se te pasará. Mira, en realidad no debes tener miedo».

Si el niño aprende que siempre encontrará un lugar a tu lado, construirá algo fuerte y hermoso. Durante toda su infancia, dependerá de los adultos que le ayuden a entender y manejar el mundo. Lo que empiezas hoy será lo que un día dé a tus hijos las respuestas acerca de quiénes son, en quién pueden confiar, quiénes deben ser sus amistades o su pareja. Es eso lo que debe ayudar a tu hijo a encontrar la respuesta cuando un día se pregunte: «¿Estoy bien? ¿Merezco ser amado?».

¡Tienes que aprender a compartir!

Ser padre los primeros veinticuatro meses tiene mucho que ver con comprender qué es lo que puedes esperar de tu hijo. En los columpios del parque que está cerca de mi casa, veo a muchos padres avergonzarse cuando su hijo agarra un juguete y grita «¡Mío!», o empuja a un compañero de juegos que le estorba. «Tienes que aprender a compartir», le dicen, e intentan enseñarle cómo hacerlo. A los adultos nos preocupa parecer educados, cuidar de quienes nos rodean, pero la idea de compartir es imposible de comprender para alguien de año y medio. El niño solo quiere esa pala o ese osito, precisamente. Será mejor que lo consueles cuando llore y busques otra

¿DEBE UN NIÑO DE UN AÑO DEJAR DE JUGAR CON LA COMIDA?

«¡Deja de guarrear con la comida!», dicen los padres. Pero, para un niño de un año, ese es un mensaje bastante carente de sentido, ya que su cerebro no está lo bastante desarrollado como para entenderlo. Al contrario, un niño de un año debe tener permiso para ensuciarse con la comida. Necesita tocarla y sentir su consistencia, su peso, experimentar lo que siente al tirarla al suelo o extenderla por la mesa. Eso también es un aprendizaje. Opta por preparar comida que aguante algo de jaleo y todo será más fácil. Tus hijos aprenderán cómo comer observándoos a vosotros. Las cosas se irán ajustando.

pala. No puedes esperar que los niños solucionen entre ellos este tipo de conflictos. Todavía van a necesitar durante bastante tiempo que un adulto arregle el enredo.

Miedo

Al mismo tiempo, es perfectamente posible asustar al niño para que haga lo que tú quieras. El miedo funciona bien a corto plazo, pero a la larga es completamente destructivo. Un niño al que se le trata muy mal pensará que *es* así de malo. Eso arruinará su autoestima.

Hay muchas maneras de conseguir que los niños hagan las cosas, pero, para que comprendan los grandes temas que queremos explicarles, es imprescindible que tengan tres o cuatro años.

Relájate y reduce tus expectativas hacia los más pequeños. Cuando tu hijo de veinte meses no es capaz de sujetar bien el lápiz, es porque le resulta físicamente imposible. Todavía está a tiempo de convertirse en un artista de primera fila.

Recuerdo bien a un padre desesperado porque su hija apretaba mucho los pinceles. Me dijo que no cuidaba de las cosas que tenía a su alcance: «Tal vez sea una de esas personas que no tienen consideración con nada». Yo sonreí y le dije que eso no se puede decir de los niños de dos años, que ellos no cuidan de las cosas que los rodean porque son así, sencillamente. Unos son más cuidadosos que otros, pero todos son exploradores. Hacen exactamente lo que deben: descubrir el maravilloso mundo en el que han nacido.

Hay que aceptar y manejarlo todo

Educar a los niños consiste en empezar por comprenderlos para luego guiarlos. Antes de solucionar la situación, tenlo en cuenta si tu hijo está enfadado y se rebela. Aceptando todos los sentimientos que puedan producirse, llevarás a cabo la primera parte de tu tarea como adulto. Estarás *comprendiendo*. «Me doy cuenta de que esos zapatos te parecen bonitos, lo entiendo.» La segunda parte de tu cometido como padre es guiar al niño para que avance. Para que encuentre la calma, para que haga otra cosa o para que simplemente vuelva a sonreír. «Pero ahora está todo demasiado mojado para que puedas ponerte esos zapatos. ¿A lo mejor podríamos probar las botas de agua en un charco?» Hay que aceptarlo todo, pero también hay que manejarlo todo. En los años venideros, dedicarás muchísimo tiempo a salir al encuentro de los sentimientos de tu hijo. Cuando adquieran el lenguaje, en torno a los dos años, las cosas serán más fáciles, pero, con frecuencia, deberás esforzarte por entender qué es lo que está pasando y ayudar al niño a pasar sus vivencias. Durante todo ese camino, son dos pasos los que cuentan:

CUANDO EL NIÑO TENGA SENTIMIENTOS INTENSOS, QUÉDATE A SU LADO.

Una de las cosas más importantes que, como adulto, puedes hacer con un niño es darle un lugar donde pueda acudir cuando las cosas se pongan difíciles. Los niños que saben dónde obtener consuelo son más atrevidos.

1. Conectarte con el sentimiento y mostrar comprensión

Muy pronto, notarás lo mucho que tu hijo aprecia que lo comprendas y que le expliques las cosas, de qué manera eso puede uniros. Primero sin palabras y más adelante mediante ellas. Sentir que te prestan atención es bueno para todo el mundo. Si el niño tiene año y medio, podrías decirle: «¿Te has dado un golpe en la cabeza? Vaya, eso duele». Cuando te das cuenta de lo que tu hijo siente y lo ayudas a encontrar las palabras que expresan sus sentimientos, lo estás preparando para para salir al mundo, para afrontar nuevos y mayores sentimientos. Los niños siempre ganan cuando los adultos se atreven a recibir sus sentimientos con amplitud de miras, tranquilidad y comprensión.

2. Ayudar al niño a seguir su camino

Si solo muestras tu comprensión por sus sentimientos y permaneces en ellos, eso puede retener a tu hijo. Por eso, el niño necesita que lo ayudes a seguir su camino. «Te dolió, pero ¿a lo mejor ya te duele un poquito menos? ¿Mejor vamos a jugar con el tren?» Los niños necesitan, igual que nosotros, los adultos, que les recuerden que la vida sigue. Para eso, el desarrollo del lenguaje representa un papel decisivo: cuando el niño sea un poco mayor, podrás hablar con él sobre lo que hizo que las cosas se desarrollaran de una determinada manera. Podréis hablar de lo maravilloso que es seguir siendo amigos, de que compartir puede ser una magnífica idea, de que todo el mundo se equivoca y de lo que significa perdonar. Pero eso forma parte de la vida que está por venir. Para tu hijo menor de dos años, se trata de que salgas a su encuentro, de que lo consueles y le enseñes por dónde puede seguir avanzando.

Dedicarás mucho tiempo a enseñarle a tu hijo a responder a la ira, el miedo y todos los demás sentimientos. Los que —poco a poco— aprendan a expresar con palabras lo que les sucede y a comprender lo que sienten se desenvolverán mejor en el mundo de los adultos. Y se sentirán mejor consigo mismos.

CONSOLAR EN CADA EDAD

Todos los niños necesitan contar con adultos que los consuelen y abracen, que los apoyen cuando tienen problemas, sean estos pequeños o grandes. Desde que son muy chicos, los niños necesitan sentirse seguros y confiados, sentir: «Aquí estoy seguro, aquí estoy bien». Un objetivo prioritario de los padres debe ser que los hijos sepan que siempre pueden recurrir a ellos. Esto es más importante que la mayor parte de las cosas que ocurren en la infancia, es la esencia de ese lazo del que hablo. Si tu hijo siempre sabe a dónde acudir para recibir consuelo y apoyo, habrás asentado unas bases fantásticas. Por lo tanto, consuélalo, abrázalo, llévalo contigo, haz que se sienta seguro y tranquilo desde el principio. La manera en que lo hagas irá cambiando con los años, pero siempre debes asegurarte de estar allí, con él.

LAS 8 PRIMERAS SEMANAS

De alguna manera, se podría decir que todos los niños nacen un poco antes de tiempo. No están «terminados» al salir a la luz. Desde la sexta hasta la octava semana solo necesitan tranquilidad y la cercanía de sus padres. En esos momentos, el único consuelo de tu hijo consiste en que estés con él.

El niño no puede facilitar las cosas de ninguna manera. En muchos aspectos, tendrás la sensación de que no está contigo del todo. En esta fase, acostúmbrate a acompañar al bebé, encuentra un ritmo para el día y otro para la noche. Busca aquello que lo tranquilice.

DE 8 SEMANAS A 4 MESES, APROXIMADAMENTE

Pasadas las ocho primeras semanas, el niño suele volver su atención hacia el exterior. Se produce el contacto visual, puede que entonces ya hayas vislumbrado el primer esbozo de una pequeña sonrisa. Las primeras veces que tu hijo sonría, puede que te sorprendan esas extrañas muecas que ha empezado a hacer. Sin embargo, este es un paso pequeño pero importante para que entiendas a tu bebé. Gracias a su sonrisa, te será más sencillo saber qué le gusta y qué sonidos y movimientos prefiere. Y te resultará más fácil averiguar cuál es la mejor manera de consolarlo cuando necesite tu aliento. En esta etapa, bastantes niños empiezan a usar chupete, y así es más fácil ver cuándo lo quieren.

DE 4 A 8 MESES

En algún momento, alrededor de los cuatro meses, el niño empezará a tratar de alcanzar las cosas que desea, a tocar y descubrir el entorno. Cuando se integre en el mundo que lo rodea, te resultará más fácil conectarte a él, estar presente en todas sus vivencias. Es el momento en el que los ositos de peluche o los trapitos pueden ser un gran éxito. El bebé puede agarrar cosas, sujetarlas y dejarlas caer. Hasta este momento, tú lo has controlado casi todo, pero ahora tu hijo ha adquirido tan buen dominio de la situación que puede decidir qué muñeco le gusta. Ya estáis empezando a comunicaros, y el niño te ayuda en ese camino.

DE 8 A 15 MESES

Ahora, experimentarás que tu hijo te busca cuando necesita consuelo, que requiere tu presencia cuando está inseguro o se ha hecho daño. Es una buena señal, y es una acción que debes reforzar.

Tú debes ser siempre el regazo acogedor, los brazos abiertos, las cálidas palabras afectuosas y las manos que acarician su cabello. Sopla donde le duele y *comparte* el dolor con él.

DE 15 A 24 MESES

Ahora es cuando el lenguaje llega como un consuelo total. Habla cuando des aliento a tu hijo, enséñale las palabras que expresan lo triste que está, que las cosas van bien, que tú estás allí. Dile todas esas palabras sanadoras que tanta falta hacen en la vida. Sigue estando junto a él, a su lado, cuando necesite alivio. El consuelo se produce mediante el contacto visual, no de arriba abajo. Si no lo puedes consolar porque en ese momento tienes las manos llenas, di que enseguida irás, que ya has visto que le pasa algo y no lo olvidas. Dale a tu hijo la seguridad de saber que pronto llegará su turno.

En estas edades, hay niños que sienten la necesidad de apartarse un poco, esconderse en un rincón o debajo de una mesa cuando están disgustados. No olvides que los niños necesitan consuelo, aunque se escondan. Si es el caso de tu hijo, muéstrale que te has dado cuenta y que estás presente. No pasa nada porque un niño necesite un poco de calma antes de acudir a ti, pero ponte piel con piel y ofrécele palabras de ánimo cuando llegue el momento. Y termina con un «¿Ya va todo bien? ¡Me alegro!» cuando veas que llega el momento de seguir adelante.

¿QUÉ SABE MI HIJO?
¿DESDE CUÁNDO?

El momento preciso en el que el niño sea capaz de hacer determinadas cosas depende de su personalidad y de las posibilidades que le ofrezcas. Algunos niños lo hacen todo un poco más tarde, sin que eso influya en cómo les vayan las cosas durante el resto de su vida.

El desarrollo del bebé ocurre de arriba abajo, del interior al exterior. Primero, desarrollan la musculatura para sujetar la cabeza por sí mismos; luego, controlan el pecho y los brazos, por último, llega el control de las manos y los dedos. Lo mismo ocurre con la parte inferior del cuerpo. Desde dentro hacia fuera: primero los glúteos y los muslos, después las pantorrillas y los pies.

Normalmente, los niños de seis semanas pueden sujetar la cabeza, algunos de tres meses pueden girarse hacia un lado y los de unos siete meses puede sentarse por sí mismos y gatear. A los once meses, los niños pueden sujetarse de pie sin apoyarse en nada y dar sus primeros pasos poco después. Pero, dentro de cada uno de estos grandes hitos (porque es importante que el niño vaya adquiriendo el control de una parte más de su cuerpo), las variaciones son muy grandes. Aunque la media de edad para empezar a gatear sean los siete meses, el noventa por ciento de los niños empezarán a moverse hacia delante de esa manera en algún momento entre los cinco y los once meses. Sin embargo, que empiecen más pronto o más tarde no quiere decir nada sobre cómo les irá en el colegio o en el equipo de fútbol, sobre qué tipo de amistades harán o sobre el sentido del humor que tendrán. En resumen: no significa nada. El niño lo hará a su ritmo, cuando pueda y esté listo.

Los bebés también desarrollan la motricidad fina. Puede que de recién nacidos hagan unos torpes intentos de alargar el brazo para coger algo (un primer intento que no tiene éxito). Pero, a partir de los tres meses, se lo tomarán en serio e intentarán alcanzar las cosas que les parecen bonitas. Querrán agarrarlas, pero pondrán los dedos sobre la palma de la mano, un método que no resulta muy eficaz para sujetar algo. Poco a poco, pasarán de utilizar mucha fuerza a sujetar las cosas más cuidadosamente; cuando tengan más o menos un año, podrán hacer la pinza. Entonces, se despertará su interés por todas las cosas pequeñas que por fin pueden sujetar, estudiar con detenimiento y meterse en la boca. En torno al año, es importante que no tengan a mano cacahuetes, pequeñas piezas de Lego y otras cosas con las que el niño pueda atragantarse accidentalmente.

Cuando tu hijo se acerca a la edad de dos años, la sujeción está tan bien desarrollada que puede construir cosas con piezas o sujetar un lápiz grueso, lo que abre la puerta a que juegue utilizando las manos.

Tu labor es participar con el niño en su exploración del mundo, al ritmo de su motricidad. Alégrate junto con tu hijo de cada nuevo paso, y establece las bases para que su desarrollo sea seguro. Ofrécele la posibilidad de moverse y explorar nuevas cosas. Tu hijo progresará gracias a la tensión que hay entre el proceso de madurar y las posibilidades que se le vayan presentando. Debes tener paciencia con lo primero y favorecer lo segundo.

¿HAY ALGO QUE NO ACABA DE CUADRAR?

Puesto que las variaciones son tan grandes, lo habitual es que te transmitan mensajes de tranquilidad si notas que tu hijo va con algún retraso. Hasta los dos años, el primer consejo suele ser: «Tómatelo con calma y espera a ver cómo evoluciona». Pero si tienes la sensación de que algo no va bien, de que no solo se trata de que tu bebé se desarrolle a otro ritmo, ponte en contacto con el médico y con el centro de salud para que te orienten y, en caso de que sea necesario, diagnostiquen a tu hijo. Aunque solo sea porque necesites que te digan algo más que la frase estándar, es importante que lo diagnostiquen. Los padres no deben estar a solas con sus pensamientos ni mantener sus preocupaciones.

EL GRAN VIAJE

postura de recién nacido
(0 meses)

levanta la cabeza
(de 1 a 3 meses)

se gira
(de 2 a 5 meses)

se sienta sin ayuda
(de 5 a 9 meses)

se sujeta de pie con un punto de apoyo
(de 5 a 10 meses)

gatea
(de 7 a 12 meses)

camina con un punto de apoyo
(de 7 a 13 meses)

se sostiene de pie sin apoyo
(de 10 a 14 meses)

camina solo
(de 11 a 15 meses)

Este es el desarrollo más habitual entre los pequeños. Hay niños que hacen las cosas antes que los demás, y otros que van algo rezagados, sin que eso quiera decir nada. Al final, todos llegan aproximadamente al mismo punto.

DEJAR AL NIÑO LIBERTAD

Al tener un hijo, tendrás que plantearte tus pautas de comportamiento. Puedes mirarte en el espejo y preguntarte: «¿Quién quiero ser?». Ser padres no consiste solo en encontrarse con el nuevo bebé, es también un encuentro con tu propia infancia, con tus experiencias. Tu infancia es como una capa invisible que llevas puesta toda la vida. Unos cargan con mucho peso, otros con menos, pero todos llevamos las experiencias que nos han marcado, las traiciones y las derrotas, todo lo que somos. Casi nadie ha tenido una infancia óptima, y todo lo que nos ha ocurrido nos condiciona después: se crearon patrones o reacciones automatizadas que con el tiempo parecen enquistarse.

Poco a poco, nos va pareciendo natural, es así como somos, pero eso no quiere decir que esos patrones sean necesariamente correctos. Esas pautas de comportamiento nos dirigen, pero pueden modificarse. Debes averiguar por qué eres como eres, y cómo podrías cambiar. Debes arriesgarte a salir a tu encuentro. Solo así podrás ser el padre que quieres ser. Y ten por seguro que, si eres capaz de dar un paso atrás y observarte de verdad, lograrás un cambio fantástico en tu vida y en la de tu hijo.

¿Qué haces?

Nathalie provenía de un hogar que nunca había funcionado del todo bien. Su madre bebía, y pronto aprendió cómo ponerse a salvo en situaciones de peligro. Vino a verme por primera vez cuando era adolescente, y aún recuerdo el enorme jersey de lana rosa, los rizos oscuros, el rostro decidido pero amable. Cuando ella notaba que había algo en el aire, que no iba a ser una buena noche, se retiraba.

Esos esquemas automatizados —la manera en la que aprendemos a manejar el mundo cuando somos niños— se convierten en una especie de atajos de nuestro cerebro. Cuando queremos evitar situaciones incómodas, acudimos a ellos sin pensarlo. Nos han salvado tantas veces que hacerlo resulta absolutamente natural. Cuando los sentimientos se agitan en nuestro interior, se conecta el piloto automático. Para algunos, se tratará de sentimientos de ira o miedo, otros harán como Nathalie y se apartarán.

Pero las herramientas de supervivencia que te resultaban útiles cuando eras un niño pueden ser lo contrario de lo que te haga falta como padre. A Nathalie le ha ido bien como adulta, se ha sobrepuesto a un punto de partida desesperado, ha encontrado al hombre de su vida y trabaja en uno de los mejores bufetes de abogados de la ciudad. Pero ahora tenía un hijo y, cuando el niño resultaba exigente, sentía que quería huir, todo en su interior quería que se alejara. Sus esquemas de comportamiento ya no eran útiles, de pronto no servían para nada: el niño la necesitaba, no podía quitarse de en medio, tenía que salir al encuentro del pequeño y quedarse con él. Muchos de nosotros, especialmente quienes hayan tenido una infancia algo difícil, se encontrarán con estos esquemas. Sin embargo, las reacciones instintivas que te ayudaron en la infancia ya no sirven cuando eres tú eres el responsable de tu propio hijo. Con frecuencia, nuestras pautas pueden estar solidificadas y condicionarnos, pero pueden modificarse. Para ello, debes cumplir dos exigencias:

1. Intenta tomar consciencia de lo que ocurre. Lo primero que debes hacer en una situación así es darte cuenta de que está pasando algo que no te parece bien. Debes estar atento, parar un momento.

«Vale, me he puesto así», puedes decirte. Entonces, pregúntate: «¿Así es como quiero criar a mis hijos? ¿Así es como quiero que ellos interaccionen conmigo?».

Creo en las posibilidades que tiene cada generación de hacer las cosas un poco mejor, de ralentizar sus reacciones, de proteger al niño.

2. Reflexiona. Solo podrás hacer las cosas de forma muy diferente cuando te preguntes: «¿Por qué he reaccionado de esta manera? ¿De dónde ha salido eso? ¿Qué podría haber hecho mejor en esa situación?». Comprender tu propia vida, tu propia historia, ver de dónde vienen tus heridas y los esquemas aprendidos, es lo que podrá liberarte. Si con el tiempo eres capaz de descubrir por qué reaccionas como lo haces, habrá menos probabilidades de que reacciones de la misma manera la próxima vez. A todo el mundo le resulta tentador decir: «Es que soy

Tener hijos es una ocasión para llevar contigo los buenos hábitos de tu propia infancia y de romper con lo que no estuvo bien.

así». Eso es algo que, como padre, no te puedes permitir. Tu hijo necesita que te preguntes: «¿Cómo he llegado a ser así? ¿Cómo puedo mejorar?». Estás obligado a modificar tus técnicas de supervivencia para que se conviertan en buenos hábitos para ti y para tu hijo. Si se lo permites, los niños pueden ser la mejor terapia. Tener un hijo puede suponer para ti el principio de una nueva personalidad.

Tu padre y tu madre dentro de ti

Todos somos hijos de nuestros padres, ellos nos han enseñado casi todo de lo que una familia puede ser, para lo bueno y para lo malo. «Reconozco a mi padre en mi interior», dicen algunos. «Noto que me estoy volviendo exactamente igual que mi madre», dicen otras personas. Llevamos a nuestros padres con nosotros durante toda la vida, y esto se hace especialmente evidente cuando tienes hijos. Pero que reconozcas a tu padre en tu interior no quiere decir que seas tu padre. Ni eres su ira ni tampoco la distancia que te separa de tu madre, si ese fuera el caso. Ellos son parte de las voces que llevas contigo, pero solo tú decides si van a hablar muy alto. No necesitas tenerles miedo. Pero ¿puede que sean un indicio de que hay algo que te gustaría hacer de otra manera?

Cuanto peor lo hayas pasado, más ayuda necesitarás para poder romper esos esquemas por ti mismo. La intimidad es lo único que tenemos a nuestro alcance para arreglar de verdad una infancia difícil. Tener un hijo puede ser una fuente de intimidad, pero recuerda que no es el niño quien te va a sanar a ti, es la intimidad que el niño genera la que te ayudará a seguir tu camino. Al tener un bebé, tienes la oportunidad de mejorar.

¿Demasiado cálido o excesivamente frío?

Hace poco, un hombre de cierta edad me contó: «Mi padre era muy distante cuando yo era niño, y yo soy demasiado cercano. No dejo respirar a mi hijo porque creo que tengo que estar junto a él todo el tiempo. Me doy cuenta de esto, pero no soy capaz de dejar de actuar así». Este hombre sabía que iba camino de hacer algo que no beneficiaba a su hijo, pero la necesidad de compensar las malas experiencias de su propia infancia parecía inclinar la balanza siempre del mismo lado. He escuchado muchas variaciones de esta misma historia, y le respondí que, evidentemente, su comportamiento podía ser perjudicial. «No basta con intentar cambiar, el cambio debe reflejarse en tu hijo si estás en contacto con él», le dije. Por muy loables que sean nuestros objetivos, estamos obligados a estar pendientes del niño. El lazo que nos une debe ser lo que nos dirija. Si dejas lugar al diálogo, si te acuerdas de permitir que el niño te muestre su entusiasmo, habrás vuelto al buen camino. El amor es mejor si tienes los ojos abiertos. En el otro extremo de la balanza están los padres que se distancian de sus hijos. Los que creen que los sentimientos se pueden desconectar, los que no son capaces de mover el cuerpo o el corazón, los que se quedan petrificados. Que te quedes inmóvil se debe,

TE VEO

En mi barrio están construyendo por todas partes. Las grúas se erigen en toda la ciudad, desde la orilla del mar hasta los puntos más altos, donde los bloques de pisos dejan paso al bosque. La construcción de un barrio nuevo y moderno de Oslo se está prolongando porque las excavadoras no dejan de encontrar restos de la ciudad de antaño bajo la superficie. Durante un milenio, han estado enterrados en la oscuridad viejos barcos, comercios y herramientas, antiguas sepulturas e iglesias. Cuando pienso en esas personas que estuvieron vivas, en las vidas que llevaron, no puedo dejar de meditar sobre lo que tenemos en común. Deben de haber observado a sus hijos de la misma manera en que nosotros miramos a los nuestros, los levantarían con cuidado cuando llorasen por la noche, les hablarían con voz suave, imitarían sus balbuceos y su lenguaje de bebé.

Es fácil burlarse de los adultos cuando hablan como un bebé. Visto desde fuera, puede parecer un poco extraño, pero es fundamental para los niños que nos comuniquemos con ellos de esta manera. Y, probablemente, los seres humanos lo hayamos hecho así desde siempre. Cuando estamos con nuestro hijo pequeño, el tiempo no transcurre. Mil años no es nada, esto es básico: el niño necesita sentirse visto y oído desde el primer momento, mucho antes de que aparezcan las palabras. Cuando respondes cariñosamente a sus murmullos incomprensibles, le estás diciendo: «Te veo. Te escucho. Me gustas».

con frecuencia, a que algo te asusta. Muchos se preguntan si se trata de un indicio de que no son capaces de querer al niño, pero tan solo es una reacción ante algo que es demasiado grande. Para el bebé, eso no es bueno. Tu hijo necesita intimidad. Por lo tanto, si te sientes sobrepasado por los acontecimientos, si te quedas un poco parado, debes tomarte esto en serio. Habla con tu pareja, busca la ayuda de tus amigos o de un terapeuta. Expresa verbalmente lo que sientes, intenta detectar en qué lugar de tu interior te resulta difícil penetrar, y trabaja para buscar un sitio desde el que puedas salir al encuentro de tu hijo con cercanía y sinceridad.

Perdón

Muchos de los que hayan sufrido castigos físicos en su infancia recurrirán instintivamente a ellos con sus propios hijos. Pero, como ya he dicho, que las cosas que haces sean instintivas no quiere decir que resulten correctas. Y eso te puede arrastrar a un patrón por el que justifiques tu propio comportamiento. «Lo estaba pidiendo», pensará alguno. «Que tenga más aguante», dirá otro. Te estarás equivocando por completo. Un niño no soporta que sus padres le hagan daño. Sin embargo, sí aguanta a los padres capaces de mejorar, de esforzarse, a los que comprenden que cometen errores, a los que se preocupan de solucionar los problemas y fortalecen el lazo entre ellos y sus hijos. En realidad, están a gusto con ellos. Si cometes un error, ¡pide perdón! Pídeselo, por muy pequeño que sea tu hijo, y averigua cómo puedes evitar que cometas ese fallo de nuevo. Tienes veinte años a tu disposición para darle una buena educación, solo acabas de empezar. Y, si fracasas, simplemente intenta mejorar la próxima vez. Se lo debes a tu hijo.

Ser testigo del encuentro de tus padres y tu hijo

Cuando tienes un hijo, no solo te rencuentras con tu propia infancia, puede que también seas testigo de que tus padres se encuentran con un niño pequeño que no eres tú. Ver a tus padres ejerciendo de abuelos te enseña algo de la manera en que ellos se ocuparon de ti. Tal vez percibas algo cálido o cercano que habías olvidado, o cierta distancia. Tal vez son distintos como abuelos de lo que fueron como padres. Las familias se expanden con la llegada de la nueva criatura. Algunas tienen muchísima capacidad para recibirla, y le dedican mucho tiempo. Por el contrario, otras apenas se dan cuenta de la nueva presencia.

Hace un par de años me llamó María, una paciente a la que conozco desde su adolescencia. Acababa de tener un hijo. Entró en mi consulta con el bebé entre sus brazos y se echó a llorar en cuanto se sentó en el sofá. Estaba desbordada por todos los sentimientos que brotan al tener un recién nacido, pero, sobre todo, pensaba que el niño había provocado que ella perdiera a su madre. Ella la había apoyado durante su complicada infancia, y también habían mantenido una buena relación cuando ya era una mujer adulta. Eso creía María. Pero, durante el embarazo, se había dado cuenta de que a su madre no le interesaba su nuevo estado. No le preguntaba qué tal estaba, y le había comprado algo de ropa de recién nacido como regalo, pero de una manera mecánica, casi a la fuerza. María creía que las cosas mejorarían cuando naciera el bebé, pero no había sido así. Su madre se había limitado a echar un vistazo rápido al interior del carrito y a decir que el bebé «era muy mono». No lo cogió en brazos, no lo admiró, no se aproximó. María se sintió destrozada. ¿Se habría comportado así su madre con ella cuando era un bebé? ¿Era esa la razón por la que se sentía tan sola en el mundo? Las lágrimas se deslizaban por sus mejillas mientas apretaba al bebé contra su cuerpo. Tenía la sensación de haber sido engañada, evidentemente. Después de todo, ¿puede que su madre no hubiera sido tan cercana?

Estuvimos hablando y, poco a poco, me contó cómo su madre tuvo a sus hijos demasiado pronto y con el hombre equivocado. Se vio obligada a buscarse la vida, a trabajar duro para mantener a su pequeña familia. Tal vez su madre no hubiera tenido la oportunidad de ser cercana, de disfrutar de los bebés. ¿Puede que ser abuela fuera un doloroso recordatorio de lo difícil que había sido su vida? La madre de María lo había hecho lo mejor que había podido. Con el tiempo, consiguió tener una relación cercana con su hija, a pesar de que el punto de partida había sido complicado. Eso denota mucha fuerza.

Al comprender mejor a su madre, a María le resultó más sencillo entender sus reacciones y ver que no iban dirigidas contra ella, que su madre sencillamente no era capaz de hacerlo mejor. De esta manera, a María le resultó más fácil perdonar a su madre, pero también fue doloroso para ella enterarse de una parte de la historia familiar de la que nunca le habían hablado.

Una semana más tarde, María volvió y me contó que había hablado con su madre, y entonces fue a su madre a quien le llegó el turno de llorar. Porque la historia efectivamente había sido así, la historia de la que su madre nunca había hablado. Después, por primera vez, había sido capaz de coger a su nieto en brazos y sujetarlo muy cerca. La familia tenía la oportunidad de empezar de nuevo. Tener un bebé dice algo de nuestro punto de partida, de quiénes somos, pero también puede ser un nuevo comienzo para toda la familia.

¡EL JUEGO ES LA SOLUCIÓN!

El juego es un regalo para el ser humano. En este mismo instante, por todo el planeta, en las grandes ciudades y en las islas remotas, los niños de la misma edad juegan de la misma manera. Somos iguales, y el juego nos hace más fuertes, listos y alegres. Todos nosotros deberíamos jugar durante toda nuestra vida, pero para los niños pequeños el juego es de vital importancia. Es el instrumento mediante el que absorben exactamente aquello que necesitan. Durante los primeros veinticuatro meses, verás cómo tu hijo crece y la manera en la que juega. Si estás atento y le ayudas, también estarás contribuyendo a que se sienta seguro y a que su cuerpo y su mente se desarrollen de forma positiva. A la vez, el juego creará un montón de buenos y cariñosos momentos entre vosotros. Por lo tanto, tírate al suelo, a la altura de sus ojos, donde se juega y donde podrás encontrarte con él. Tienes un niño pequeño, debes bajar al suelo todos los días, por muy bonita que sea la ropa que lleves puesta o por mucho que te duelan las rodillas. La vida en el suelo es muy entretenida, pero hay que bajar hasta allí para descubrirlo.

LAS PRIMERAS 8 SEMANAS

En esta fase, los momentos de felicidad de tu hijo son aquellos en los que lo alimentas y lo aseas. Durante estas semanas, la seguridad y la intimidad son los únicos principios que necesitas tener en cuenta. El niño emplea ese tiempo en buscar una especie de rutina, de cercanía. Quiere que lo consueles y sentir que el mundo es un lugar seguro. Debes tener pocas ambiciones y mucho tiempo para él.

DE 8 A 12 SEMANAS

A lo largo de estas semanas, notarás vuestro primer contacto. De repente, se habrá convertido en un pequeño y activo ser humano. Ha llegado el momento de daros la vez. Es decir, para que te responda, debes dejar espacio a tu hijo. Cuando has hablado con él, cuando le has sonreído, debes esperar a que te responda. Recuerda que esto de ser persona es una novedad para él, así que debes mirarlo con interés y dejarle espacio y tiempo para contestar. En las semanas venideras, estos pequeños diálogos sin palabras serán el juego principal del niño. Charla con él, hazle ruiditos y muecas. Haz cosas que llamen su atención, para que pueda responder a su manera.

DE 16 A 20 SEMANAS

En esta fase, la mayoría de los bebés adquieren más control sobre su cuerpo. Pueden estirar los brazos, intentar coger las cosas que les interesan, sujetar objetos y agitarlos. Desde este momento, los peluches y los sonajeros divertidos pueden llamar algo su atención. Pero la atención de los niños es breve, la mantienen solo unos pocos minutos seguidos, tal vez solo treinta segundos. Y un niño pequeño no necesita muchos juguetes, lo más importante es el constante contacto contigo, que se lo des y lo reciba. Tu hijo necesita que te intereses por las mismas cosas que él, que las observéis juntos y que, cuando algo no sea divertido, cambiéis de actividad. Ahora también llega la alegría de las rimas sencillas, las cancioncillas y los versos.

El primer juego que de verdad interesa a los niños de todo el mundo es el «cucutrás», en el que desapareces, pero vuelves a aparecer. Debes dejar que este juego se desarrolle a la vez que el niño, y repetirlo durante estos veinticuatro primeros meses. Cuando tu bebé tenga cuatro meses, te taparás los ojos y, después de unos pocos segundos, te los destaparás luciendo una sonrisa de oreja a oreja; cuando tenga dieciocho meses, dejarás que se esconda debajo de una mesa o dentro de una caja y que se convierta en un intrépido explorador. Le provocará muchísima emoción saber si seguirás o no estando allí. Este juego enseña al niño que *yo soy* una persona, *tú* eres otra ¡y te gusto! Cuando el contacto se restablece, la risa alborozada y la alegría que el adulto y el niño se provocan mutuamente les proporcionan una intensa sensación de ser amados, anhelados y valiosos. Es una emoción increíblemente sencilla y estupenda que proporciona autoafirmación y cercanía. Cuando nos alegramos de ver al niño, de alguna manera, le estamos diciendo: «Eres bienvenido a este mundo». El juego del «cucutrás» puede evolucionar si lo permitimos. Podéis jugar a él cuando ya esté en la guardería, aunque alcanza su momento álgido cuando el niño empieza a hablar más.

A LOS 6 MESES

Ha llegado el momento de fortalecer la musculatura. A esta edad, el niño es lo bastante fuerte como para sentarse, gatear, ponerse de pie y, finalmente, dar sus primeros pasos, inseguros y mágicos. En realidad, todo lo que necesita es un suelo y alguien en quien apoyarse, alguien que le ayude a practicar. No dejes que tus preocupaciones se interpongan en su camino, intenta ver las posibilidades, ¡no los riesgos! No temas que el niño ruede por la alfombra, no pasa nada. No tengas miedo a las bacterias y la suciedad, se expondrá a ellas de todos modos. Al mismo tiempo, no debes presionarle, sino facilitarle las cosas. Tu cometido como padre es disponer todo para que pueda practicar un poco cada día. En esta edad, los juegos en los que os dais cosas y las cogéis son estupendos. Tu hijo todavía sujeta los objetos con una mano, pero pronto usará las dos. Acuérdate de estar pendiente de eso. Para jugar, debe estar despierto y a gusto, lo que sucede en intervalos bastante breves. Juega cuando él quiera jugar, no cuando lo quieras tú.

A LOS 9 MESES

Ahora, tu hijo quiere ponerse de pie. Empieza a levantarse agarrándose al borde de una silla, a los cojines del sofá, a la mesa de la televisión... Todo lo que pueda ayudarle en su camino hacia moverse sobre las dos piernas le resulta atractivo. Es un avance importante en su ruta hacia el caminar, así que debes hacer que tu hogar sea lo bastante seguro como para que puedas relajarte y estar pendiente de las fuerzas que se agitan en su interior: el niño quiere levantarse y andar.

Ayúdale, ocúpate de darle ánimos y proporcionarle nuevos desafíos. Todos los juegos que os unan, que hagan reír al niño, son importantes porque estáis juntos y descubres las cosas que más le gustan. A esta edad, tu hijo desea estar contigo más que nada en el mundo. Está en condiciones de manifestar con claridad que tiene favoritos entre los adultos y suele mostrar temor a los que no conoce. Por ello, debes ocuparte de que los nuevos adultos que lleguen a su vida lo hagan con tanta suavidad como sea posible. Muestra que la otra persona es buena y de confianza, que es alguien a quien tú conoces.

A LOS 12 MESES

Cuando tu hijo cumple un año ocurre algo: de alguna manera, deja de ser tan bebé y empieza a ser un niño. El cuerpo cambia y la cabeza también. Falta poco para que lleguen rodando las primeras palabras, por eso ahora es muy importante hablarle y ponerles nombre a todas las cosas. Acostúmbrate a hablar con tu hijo, aunque no recibas una respuesta comprensible. Deja que las palabras formen parte del juego, cuéntale lo que estáis haciendo, relaciona las palabras y el mundo. Habla de todo, leed un libro juntos o mirad los dibujos y comentadlos, siempre que al niño esto le resulte divertido. Fíjate en lo que fascina a tu hijo ¡y hazlo más veces!

En cuanto al juego físico, ten en cuenta que solo puede tirarlo al aire gente con la que se sienta totalmente seguro. Exige que en la base haya un sentimiento de «tú y yo», y eso no es tarea para las tías o los tíos que solo pasan por allí de vez en cuando. Tu hijo necesita sentir emociones físicas, y le viene muy bien ver que todo sale bien. Algunos niños disfrutan explorando sensaciones peligrosas y otros buscan seguridad. Los que aman el riesgo te darán mucho trabajo a la hora de poner límites, mientras que los niños prudentes te retarán a crear momentos de alegría. Tu hijo necesita sentir que tiene éxito, que las cosas salen bien. Un niño que teme tirarse por un tobogán no tendrá menos miedo porque tú le digas: «Tienes que tirarte, venga, ¡tírate ya!». Debes animarle. El valor debe surgir del juego. Tal vez os podáis tirar juntos: haz lo que haga falta para que se sienta seguro. Si le presionas, estarás desgastando el lazo que os une.

A LOS 18 MESES

¡Entusiásmate! Todo lo que se mueve, todo lo que es grande llama la atención al niño y, si empiezas a mirar a tu alrededor, verás que el mundo está lleno de cosas así. Los coches son mágicos, todos los perros le emocionan, los charcos ya son una aventura y, por el cielo, se deslizan los aviones. Lo fundamental es que compartas con el niño aquello que le llama la atención, puesto que en esta fase casi todo es un juego. Debéis deteneros y dejaros impresionar por lo emocionante que resulta el solar de una obra y debéis hacerlo juntos. No te dejes tentar por las noticias del móvil. Al mismo tiempo que el niño aprende a caminar, escalar y correr, es importante que pueda ampliar su campo de acción. Grita: «¡Preparados, listos, ya!». Perseguíos. Deja que el niño se ponga a prueba en los toboganes y las estructuras para escalar mientras tú cuidas de él. Cuando consiga encaramarse a una roca o subirse a un columpio, cuando se atreva a tirarse solo por un tobogán, sentirá el placer de tener éxito, se atreverá a ir más allá, a probar cosas nuevas. Si tú estás allí, presente, se sentirá importante.

A LOS 24 MESES

Todavía es demasiado pronto para que tu hijo juegue con otros niños, pero ahora le gusta estar junto con otros niños de su edad. Jugar con los demás es mucho más divertido que hacerlo solo. Si el niño no va a la guardería, debéis ir a lugares en los que haya otros niños, para que pueda disfrutar de su compañía. Pero no esperes que los niños jueguen entre ellos, compartan sus cosas o den muestras de consideración. Les faltará tiempo para empujarse si discuten por un triciclo o creen que su compañero de juegos los pone a prueba. En ese caso, no es tarea tuya tratar de interceder o enseñar al niño a compartir, sino que debes encontrar una solución que logre que no se sigan empujando, mordiendo o pegándose. Cualquier solución es válida: buscar otro juguete,

distraerlo o poner fin a la situación con mucha tranquilidad. Lo importante es que lo hagas sin regañar ni juzgar a tu hijo. Entretenerse con otros niños es una habilidad que irá adquiriendo: entonces, el niño necesitará que lo orientes. Pero, en este preciso instante, tu hijo necesita que lo acompañes y lo ayudes si no es capaz de resolver las cosas por sí mismo.

A partir de los dos años, también se desplegará un mundo de fantasía: cualquier cosa puede tener su propia voz: los peluches, los árboles y los coches tendrán algo que decir. Juntos podréis desarrollar personalidades fantásticas mediante todo lo que os rodea. El idioma da paso a un mundo completamente nuevo.

Según vaya evolucionando la motricidad de tu hijo, puede

ser divertido jugar al fútbol, tirar piedras a un lago o correr por los charcos. El niño también te contará qué es lo que quiere, y una de las cosas más divertidas es participar en lo que hacen los mayores, ser útil. A los niños les encanta ayudar a meter los cacharros en el friegaplatos, recoger lo que se ha derramado (aunque, en esto, su colaboración no resulta muy eficiente) e imitar las tareas de los adultos, como planchar, pasar la aspiradora o cocinar. De esta forma, se demuestran que no solo dan trabajo, sino que también pueden colaborar con los mayores. Cuando dices «gracias» a tu hijo y valoras su colaboración, le estás demostrando que todos los miembros de la familia tienen su valor. Por supuesto que resultaría más rápido que lo hicieras todo tú, pero, cuando dejas que el niño haga sus pequeñas aportaciones en esta fase, estás reforzando la autoestima de tu hijo.

DIFERENCIAS ENTRE LOS CHICOS Y LAS CHICAS

Las chicas lo hacen todo antes que los chicos. Hablan y caminan antes, dejan los pañales antes que los niños de su misma edad, y dibujan y leen antes, cuando llega esa fase. En realidad, lo único que las chicas hacen después de los chicos es abandonar este mundo.

Las diferencias entre los sexos también son importantes cuando hablamos del nivel de actividad y el control de las propias actitudes. Hay niños varones tranquilos y niñas intranquilas, faltaría más, pero sumando todos los factores, los padres de chicos tienen más retos a los que enfrentarse que los de las chicas. Hay varias causas: entre otras, el cerebro de las niñas madura un poco antes y, por tanto, su capacidad de control aparece antes que la de los niños. Puede que esto quede especialmente claro entre los dos y los cuatro años, pero la mayoría nota la diferencia desde ahora. A los padres de los chicos les viene bien saber que es así, porque la vergüenza que pueden sentir después de haber acudido a una cena con una niña de la edad de su hijo varón puede ser grande.

Es fácil pensar que lo que hay detrás de la actitud de los niños más activos se debe a una labor deficiente de los padres, pero, a menudo, solo se trata de características individuales o sexuales. Cuando los niños se acercan a la edad adulta, se van igualando. En lugar de ver malos progenitores por todas partes, podemos mutuamente ayudarnos a comprender que es difícil tratar con un niño de dieciocho meses que quiere investigarlo todo. Que nos juzguemos como padres no nos hace mejores progenitores, todo lo contrario.

QUÉ HACER
CUANDO SURGEN
LOS PROBLEMAS

Se puede pensar que la educación infantil es un proyecto que debes poner en marcha cuanto antes. Que desde ahora mismo puedes determinar los modales de tu bebé al comer o su capacidad para compartir sus juguetes con los demás. Pero tu hijo no tiene ninguna posibilidad de aprender esas cosas o de recordar los límites que tan pronto le quieres poner. Lo único que importa de verdad en esta fase es el amor entre vosotros. Sin embargo, no dejas de ser tú quien lidera, tú quien decide y tú quien mostrarás el camino de la vida a tu bebé.

Investigadores

Cuando nació mi primer hijo, vivíamos en una casa cuya cocina tenía un suelo de baldosas de terracota. Los vasos que se te caían no solo se rompían, explotaban en una nube de cristales pulverizados que se expandían por todo el apartamento. Todavía puedo verlos estallar a cámara lenta. Mi hijo aprovechaba las ocasiones que se le presentaban para ver si esto podía pasar de nuevo; se convirtió en una especie de abnegado investigador del proceso de desintegración del cristal contra la baldosa.

En realidad, todos los niños son pequeños investigadores. Quieren saber qué sensación produce la crema de cacao entre los dedos, averiguar a qué sabe el jabón, poner a prueba la fuerza de la gravedad una y otra vez. En resumen, hacen cosas que nos parecen bastante absurdas, aunque, tiempo atrás, nosotros hicimos exactamente lo mismo para aprender. Acabé comprando unas tazas que rebotaban sobre las baldosas en lugar de estallar, y surgieron entonces otras cosas igualmente emocionantes. Con el tiempo, el niño aprendió casi todo lo que había que aprender sobre lo que se rompe y lo que no. Comprendió cómo funciona la fuerza de la gravedad, que una chimenea puede estar caliente, aprendió a montar en bicicleta. También comprendió cómo funcionan los sentimientos, qué es lo que hace daño a las personas y qué las refuerza. Aprendió otro idioma, las tablas de multiplicar y a tocar un instrumento, y comprendió la importancia que tiene para una persona que reconozcan su valía. Aprendió a perdonar. A ser rechazado. A amar. Al final, todos acabamos por aprender. Pero, antes, necesitamos permiso para investigar.

Soluciona la situación

Al niño le parece divertido sacar los libros de la estantería, colgarse de las cortinas —porque son grandes y fáciles de agarrar—, le gusta la pantalla brillante del televisor y el sonido que produce la chimenea. En realidad, todos los hogares son pequeños y mágicos parques de atracciones repletos de cosas brillantes, ruidosas y coloridas. Si intentas corregir a tu hijo pequeño que hace algo así a base de regañarlo o agarrarlo con fuerza, él solo aprenderá una cosa: que tú das miedo, no que la chimenea es peligrosa.

No hace falta que digas «no» de esa manera que tradicionalmente consideramos educativa. Cuando el niño hace algo peligroso, puedes decir que no y poner límites, pero nunca debes hacerlo partiendo de la idea de que «esto tendría que entenderlo mi hijo». Lo único que puedes hacer es solucionar la situación en ese mismo momento de la mejor manera posible.

«Pero ¿qué pasa con un niño de un año que enciende los fuegos de la cocina? Eso es peligroso, necesita aprender que no puede hacerlo», me dijo en una ocasión una madre. Para empezar, debes asegurarte de que la cocina tenga un seguro infantil, lo que puede ser vital a esta edad. Aun así, si el niño hace algo que crees que puede resultar peligroso, debes decir «no» de la manera más suave posible y, después, proponer otra actividad que resulte interesante. «No, cariño, no podemos hacer esto, ¡pero mira esto otro!»

Los niños no escuchan nada cuando están asustados, en cierto modo se quedan sordos. En otras palabras: un «no» que se grita, que lo asuste, no le enseñará nada. Durante los primeros veinticuatro meses, no pueden absorber gran cosa, pero, si se asustan, puedes estar seguro de que no aprenderán nada. Por ello, lo más importante es que empieces por tranquilizar los ánimos.

Siempre habrá niños más curiosos y resistentes, que volverán corriendo a hacer lo mismo otra vez. Puede que esto se convierta en una especie de combate, a ver quién resiste más, pero, a esta edad, los

La vida de los niños transcurre a la altura del suelo. Si de verdad vas a tener contacto con ellos, necesitas ponerte a la altura de sus ojos, estar en un cara a cara.

hijos todavía no comprenden por qué es mala idea encender los fuegos: solo tú lo sabes. Y la responsabilidad de resolver la situación te corresponde siempre a ti.

No es el momento de decir «¡no!» con dureza. Tampoco hace falta que empieces a explicar por qué las cosas que tu hijo hace no están bien o son peligrosas, en ningún caso lo comprenderá. En este momento, se trata de que el niño poco a poco dé con su propio ritmo y su lugar en la sociedad, y tú tendrás que solucionar los problemas que surjan.

Adultos enfadados

Una pareja joven vino a verme durante una temporada hace algunos años, y siempre me acuerdo del hombre. Habían tenido una hija y él se sentía un poco engañado: pensaba que todavía estaba en edad de salir de marcha con sus colegas y que ella había llegado a sus vidas un poco pronto. Decía que sentía que la niña le ataba (los hijos nos atan, eso es fácil de entender). En su caso, esto le provocaba mucha ira, era fácil que estallara. Llegaba a casa cansado del trabajo y ciertas cosas le irritaban: su pareja, el desorden que reinaba en el piso y que su hija no aprendía nada de nada. Aunque el blanco de gran parte de su frustración era la madre, esta también afectaba mucho a la niña, que tendría entonces dieciocho o diecinueve meses, si no recuerdo mal.

Los niños pequeños pasan verdadero miedo cuando los adultos se enfadan, porque los mayores son muy grandes. Si te enfadas mucho, tu hijo te tendrá miedo. Es así de sencillo. A la vez, es fácil entender la frustración del padre. En cierto modo, se sentía engañado y atrapado, y en esas circunstancias tendemos a enfadarnos. La razón por la que lo recuerdo todo con tanta claridad es que una de las primeras cosas que me dijo fue: «Sé que he hecho algo mal». Me contó que un día, al volver del trabajo, su hija salió huyendo al verlo. La niña estaba verdaderamente asustada. Resulta doloroso que las cosas lleguen tan lejos, pero también me parece una historia esperanzadora. No todo el mundo es capaz de asumir que se ha equivocado. Estuvimos trabajando juntos durante bastante tiempo para ver cómo percibe un niño a un adulto frustrado y cómo afecta esa frustración a la relación entre ambos. Poco a poco se fue acercando a su hija, y eso hizo que fuera más fácil comprender a su pareja. En cierto modo, su ira le había dejado solo, le había alejado de su pequeña familia.

Tú eres el responsable de manejar tu frustración. Siempre es un error hacer que un niño pague sus consecuencias. Tener hijos supone un gran cambio en la vida. Te encuentras atado a la casa, tienes menos energías, incluso puede parecerte que piensas peor que antes. Muchísimos padres han sentido exactamente la misma desesperación, y lo mejor que puedes hacer es darte cuenta de que te estás poniendo en una situación en la que no sirves de ayuda al niño.

Apartarse

También me he encontrado con padres que opinan que su hijo se venga de ellos, que de alguna manera les responde. Los niños no hacen eso. Una madre me dijo que su hijo le daba la espalda «con cierto aire de superioridad» cuando las cosas se ponían difíciles entre ellos. Si tratas mal a tu hijo, la relación entre vosotros se complicará, y los niños no tienen otra manera de expresarlo que dar la espalda a los padres. No se trata de ninguna venganza, es su única manera de decir: «No sé qué me pasa». Lo que el niño en realidad está diciendo es que necesita solucionar las cosas, necesita consuelo, cercanía y paciencia. Después, dependerá de ti comprender que algo va mal y dar el siguiente paso.

El niño disciplinado

Hace un par de años, en un seminario, conocí a una mujer que enseguida me cayó bien. Tenía un carisma enorme y una gran sonrisa. Un día, me contó que había leído algo de lo que yo había publicado sobre educación infantil. En su infancia, había estado sometida a un régimen bastante estricto, eran muchos hermanos y sus padres se

LOS PRIMEROS DIECIOCHO MESES SON LA ETAPA DEL ENAMORAMIENTO, EN REALIDAD NO TIENES MOTIVO PARA DECIR «NO» A NADA. A ESTA EDAD LA PALABRA «NO» CARECE DE VALOR.

preocupaban por que hubiera orden y disciplina. Después, había tenido una hija con un hombre muy bondadoso. Lo mismo podía decirse de sus suegros, todos eran buenos y considerados con la nieta. Demasiado. La mujer pensaba que alguien tenía que responsabilizarse de poner límites y enseñar a su hija de seis meses que «no» realmente quería decir «no». Ella había asumido esa tarea con entusiasmo. Si la niña lloraba demasiado, tiraba la comida o se dirigía hacia objetos potencialmente peligrosos, la cogía, la ponía en la cuna y le decía: «¡No, muy mal!». Luego la dejaba un rato sola.

Lo hacía por su bien, no quería que su hija recibiera una educación sin límites y temía que tanto mimo la dañara. «Pero, entonces, comprendí lo poco que son capaces de aprender a esa edad», me dijo. Y me contó que esa misma tarde había decidido abandonar por completo la idea de disciplinar a su hija. El ambiente en casa mejoró enseguida. La niña se volvió más cariñosa y quería sentarse en el regazo de su madre. Fue entonces cuando esta mujer se dio cuenta de que, hasta ese momento, su hija había estado eligiendo la compañía de otras personas, que su propia hija la había estado evitado, en cierta forma. Lloró al contármelo, a las dos se nos escaparon unas lágrimas y, al final, dijo con una de esas sonrisas tan suyas: «Fue como volver a tener a la niña de nuevo».

Tus sentimientos son responsabilidad tuya

Muchos padres tienden a utilizar sus propios sentimientos para decirle al niño que ha hecho algo que no les gusta. «Papá se asusta cuando te acercas tanto a los coches», «Cuando gritas, mamá se cansa», dicen.

Entiendo que este puede parecer un buen método para enseñar a los niños las consecuencias de sus actos, pero, en realidad, no es muy acertado. La razón es que tú eres el responsable de tus sentimientos, tu hijo no debe verse obligado a cargar con ellos. Si te enfadas o te asustas, eres *tú* quien tiene que hacer algo al respecto. Cuando le dices al niño que la culpa es suya, lo que le estás diciendo es que ha sido un inútil y que te ha hecho daño. A la larga, tu hijo asumirá una responsabilidad que no le corresponde, le pesará la vergüenza.

Si te asustas sin motivo, debes dejar que el niño siga con lo que estuviera haciendo. Si, por el contrario, tienes una buena razón para tener miedo, debes hacer algo al respecto. «¡No corras tan cerca de los coches, es peligroso!» es un mensaje más claro y mejor.

Educación sin normas

Cuando pienso en lo que creía que era importante en la educación infantil antes de tener hijos, me pongo colorada. Entonces, pensaba que mi hijo no sería uno de esos que corretean por el pasillo del avión. No molestaría a la gente, se sentaría tranquilo a la mesa, sería un niño bien educado, se lavaría las manos. Tenía una opinión muy clara sobre lo que era importante, pero entonces llegó él y comprendí que esas cosas no tenían ninguna importancia. No como yo creía. Pueden molestarte los niños de los demás, pero entonces tienes un hijo y comprendes que los niños son así. Al final, todos dejan de correr por el pasillo del avión.

¿Qué es lo que importa? ¿Qué es lo que ayuda a los niños en su camino hacia la vida adulta? ¿Qué es lo que hace que se adapten a la sociedad, que estén a gusto con los que los rodean?

He descubierto que, en general, se trata de crear esos momentos en los que el niño se siente seguro, se siente incluido. Tienes la familia que mereces. Si vas a una cafetería con tu hijo, la meta no es que a tu hijo se le «dé bien» ir de cafeterías. De lo que se trata es de lo estupendo que resulta ir a una cafetería con él. Se trata de *nosotros,* no de amoldar al niño.

Ahora lucho por una educación que se centra en la manera de estar juntos, de vivir juntos. Si regañas a tu hijo, no estarás asumiendo la responsabilidad de tu familia, solo estarás regañando a un niño. Por el contrario, si le enseñas el camino adecuado, estarás haciendo algo valioso.

Empezamos a educar desde el mismo momento del nacimiento del niño. Cuando necesita aprender la diferencia entre el día y la noche, y tú eres todo lo que tiene, no puedes decir: «¡A dormir!». No puedes ordenar algo así, debes ayudarle a dormirse. Dejarse llevar y quedarse dormido es difícil. Debes orientarle y ayudarle con tranquilidad.

En la educación, esta idea se puede aplicar a todo. Dispones de mucho tiempo, la educación es un largo proceso, es una maratón, no se decide nada en el plazo de una noche o de una semana.

Tu hijo aprenderá de lo que haces, de cómo te sientas a la mesa, cómo hablas a tu vecino, cómo te lavas las manos, cómo muestras tu amor.

Al estar con tus hijos ya los estás educando, no se trata de una educación «sin normas», ni mucho menos. Los límites no son líneas rojas que dibujas alrededor del niño, sino un territorio que aprendéis a explorar juntos. Tú muestras el camino y eres el responsable.

LA EDAD DE LAS RABIETAS
SIEMPRE LLEGA

En algún momento, normalmente entre los dos y los tres años, tu hijo descubrirá el placer de poder decir que no. Es como una droga. Un día se despierta convertido en el jefe de la casa. La ropa que debe vestir, lo que debe comer..., todo recibe por respuesta un «¡no quiero!» bien alto y claro. Por fin puede decidir sobre su propio cuerpecito y recurrirá a todos y cada uno de sus músculos para demostrar que va en serio.

Tanto el niño como el resto de la familia aprenderán poco a poco a vivir con la maravillosa sensación de libertad que proporciona la palabra «no». Pero es un cambio muy brusco pasar de tener un niño al que vistes, das de comer, lees y acuestas a tener otro que avisa claramente de lo que opina al respecto.

Esta transición es necesaria. Tenemos que acostumbrarnos a que nuestros hijos pasan de ser bebés a ser individuos fuertes. Lo intenso que resulte este proceso depende tanto del niño como de los adultos que le rodean.

Muchos padres salen al encuentro del «¡no!» del niño con su propio «¡no!». Responden a la fuerza con una fuerza contraria. Se vuelven, como poco, tan cabezones como el niño: «*Tienes* que ponerte los zapatos y *tienes* que tragarte la comida». El resultado suele ser que los padres también entran en una especie de periodo de rabietas. La situación les sobrepasa.

Tu hijo sabe muy bien quién decide, pronto se adaptará. Nunca ganarás si, por sistema, respondes a la fuerza con otra fuerza mayor. En lugar de eso, debes contemplar como algo positivo que tu hijo desarrolle su propia voluntad. Es el primer prototipo de la persona en la que se va a convertir, el niño está diciendo: «Aquí estoy». Tu cometido es guiarle por el camino adecuado. La mejor medicina para sacarlos de la edad de las rabietas es hablar con ellos, leerles, hacerles caricias y que estéis juntos. Cuando los niños amplíen su vocabulario y maduren, serán capaces de encontrar otras formas más agradables de expresar sus opiniones, y no dirán únicamente «no» y «no quiero».

Nunca me ha gustado la etiqueta *edad de las rabietas*. Esta etapa no va de que los niños estén todo el día enrabietados, de que no quieran divertirse. Lo que están es encantados de tener la posibilidad de decir lo que de verdad opinan y desean. De repente, pueden transmitir todo lo que antes no tenían capacidad de expresar. Lo que estás viviendo es un niño que aprende a poner límites, que se hace autónomo, y eso es exactamente lo que tú quieres que pase. Quieres que tu hijo un día diga «no» a las malas amistades, que elija acostarse con la persona adecuada, que sepa poner límites cuando crea que se está moviendo por terrenos peligrosos. Ensayar el «sí» y el «no» es importante. Y tu hijo es un principiante. Tu labor es dejar que ensaye en un entorno seguro.

A esta edad, los hijos no tienen por qué llevar razón siempre: se empeñarán en las cosas más extrañas y se equivocarán. Pero sus decisiones no serán algo personal contra ti. Ellos lo hacen lo mejor que pueden.

5

SALVAR TU RELACIÓN
(Y TU FAMILIA)

Mi despacho es pequeño, pero a su manera es sofisticado; tiene molduras con pequeñas grietas en los techos altos pintados de blanco que le otorgan cierto carácter. Me gusta, disfruto del sonido de los tranvías que toman la curva tras el Palacio Real de Oslo y hacen temblar levemente los bloques de más de cien años de antigüedad. A veces, pienso en todas las parejas que han pasado por aquí, cada uno de sus miembros en un extremo del sofá, preguntándose: «¿Qué ha sido de nosotros?».

Pasar de ser dos a ser tres no está exento de problemas, no está tan claro que convertirse en una familia sea motivo únicamente de alegría. A veces, la diferencia entre lo que imaginábamos y lo que finalmente es puede resultar enorme. Nuestra atención y nuestras prioridades cambian, la vida cambia; y, en medio de todo, tenéis que tratar de conservar la relación que una vez tuvisteis. La mayoría lo consigue, pero también son muchos los que encuentran más dificultades de las que esperaban. Voy a intentar mostrarte el camino que debes seguir para salvar la relación, y también te daré algunos consejos para que esta tenga éxito, aunque la tempestad haga que el mundo parezca venirse abajo.

Padres destrozados

Recuerdo a una madre joven y fuerte que, sentada aquí, en mi despacho, se hundió mientras las lágrimas se deslizaban por sus mejillas. «¡No me queda más remedio que aguantar!», dijo. Su hijo la había agotado. Muchas madres sueñan con pasar un tiempo perfecto con sus criaturas, y luego resulta no ser así. «Sé que tengo algo maravilloso, pero nunca recuperaré mi vida», me dijo desde el otro lado de la mesita baja.

Ese tiempo que pasamos con el recién nacido, del que muchos hablan, ese tiempo que sale a tu encuentro en las redes sociales y en los blogs, es hermoso, armónico y siempre aparece tamizado por un filtro. Algunas madres lo llevan muy bien, pero la mayoría experimenta que el nuevo mundo es muy distinto a como lo habían imaginado. El niño las necesita todo el tiempo, muchas veces los dolores son sorprendentemente intensos, los sentimientos son inestables, el sueño es caótico y el cuerpo ha cambiado. Los pechos están a tope, la tripa cuelga y puedes tener la sensación de que tus genitales se han modificado por completo, por mucho que la ginecóloga te diga que todo está bien. Es una etapa en la que es más fácil sentirse fracasada que en cualquier otra fase de tu vida.

La idea de que es normal tener un cuerpo estupendo y en forma nada más parir no coincide con la realidad. Como todo lo demás, el

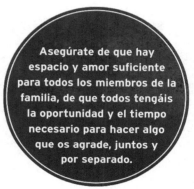

Asegúrate de que hay espacio y amor suficiente para todos los miembros de la familia, de que todos tengáis la oportunidad y el tiempo necesario para hacer algo que os agrade, juntos y por separado.

cuerpo también necesita tiempo para recuperar su equilibrio y su estado normal. *Ese* es el proceso natural. Se acaba reconstruyendo. Sin prisa, pero sin pausa.

Tener un hijo es una maravilla, pero también es un gran cambio, extenuante y doloroso.

Esa es la verdad.

Pasad juntos este reto

Tener un hijo puede poner a prueba vuestra relación. Debes agarrarte con las dos manos a los momentos de la vida diaria en los que os reís juntos, debes esforzarte por seguir interesándote por la vida de tu pareja a pesar de todo. Pregúntale qué tal le ha ido el día, si ha sido como esperaba, cómo está de fuerzas. No os limitéis a pasaros el bebé el uno al otro porque estéis cansados.

Hay muchos tipos de parejas que lo llevan bien, pero suele ser porque tienen algunos rasgos en común: se ríen de las mismas cosas, se hacen reír el uno al otro, se preocupan de tener algo de ayuda para

PARA QUE TU PAREJA Y TÚ TENGÁIS LA POSIBILIDAD DE COMPRENDEROS EL UNO AL OTRO, ES IMPRESCINDIBLE QUE OS PRESTÉIS ATENCIÓN.

cuidar del bebé, hacen el amor de vez en cuando. Además, tienen recuerdos en común y costumbres que no descuidan.

Muchas veces, lo único que hará falta será una taza de café por la mañana, una anécdota que recuerdan o una canción que les gusta. Las parejas que tienen éxito son aquellas capaces de ponerse de acuerdo en que están juntos en esto. Sí, nos cansamos por cosas diferentes, pero afrontamos todo juntos, este es *nuestro* proyecto. También creo que las parejas que llevan bien estos años son las que no se dejan llevar por los pequeños fallos del otro. Cometeréis pequeños y absurdos errores constantemente. Es imposible evitarlos cuando los dos dormís menos, el estrés aumenta y vuestro papel de padres es algo completamente nuevo. Haced la vista gorda, perdonad, intentad comprenderos.

¿Qué clase de familia queréis formar?

Cuando llega el bebé, se pone de manifiesto lo distintas que han sido las infancias de los padres. En la fase de enamoramiento, es fácil sobrevalorar vuestras similitudes, pero, cuando llega el bebé, ya no es posible ocultar vuestras diferencias. Os han consolado de distintas maneras, habéis comido cosas diferentes, habéis hecho viajes distintos y aprendido normas dispares durante los años de vuestra infancia. Por eso, un bebé es una oportunidad para descubrir más cosas de tu pareja, de conoceros de otra manera. Aprovecha la oportunidad, hablad de la familia que queréis formar juntos. ¿Qué es lo que deséais y cómo vais a trabajar para lograrlo?

ESTARÍA BIEN QUE OS RESPONDIERAIS ESTAS PREGUNTAS MIENTRAS EL NIÑO DUERME Y TENÉIS UN POCO DE TIEMPO LIBRE:

- ¿Qué quiero que mis hijos recuerden de su infancia? ¿Qué recuerdo mejor de la mía?

- ¿Qué es lo mejor que unos padres pueden dar a su hijo? ¿Qué me dieron a mí de niño? (¡Haced una lista de varias cosas y discutidlas!)

- ¿Cuáles son nuestros puntos fuertes? (Sacadlos a la luz y cultivadlos: «Lo mejor de mi pareja como padre/madre es que él/ella...».)

- ¿Qué diferencias tenemos como padres? (¡Encontrad las diferencias que hay entre vosotros y aceptadlas!)

No es exigible en absoluto que tengáis que estar de acuerdo en todo para educar juntos a los niños. A ellos les viene bien que los padres sean distintos, que encaren la vida de maneras diferentes, pero es imprescindible que en el fondo haya amor y respeto. Y cuanto más os conozcáis como padres, más fácil lo tendrá el amor.

Observar con amor y entusiasmo

Uno de mis pacientes me preguntó en una ocasión: «¿Se pierde por completo la espontaneidad al tener hijos?». Contesté: «En cierto modo, pero es posible aprender otras formas de espontaneidad». Si queréis intimidad, puede que tengáis que buscarla cuando el niño de pronto se quede dormido, aunque estéis cansados. Además, hay otras cosas maravillosas que podéis regalaros: si tienes un hijo de un año, no necesitas un reloj precioso, una noche de sueño sin interrupciones puede ser el mejor regalo que te hayan hecho nunca. Sé que se dice que «el amor es lo más grande», pero en estos años hay algo más: «Lo más grande es la logística». Una buena organización diaria hará la vida más sencilla.

Incluso los que en el punto de partida son una buena pareja pueden separarse si los obstáculos son demasiado grandes. Los problemas económicos, las enfermedades, las muertes en la familia... Habrá grandes pruebas que hagan que, durante mucho tiempo, no puedas dar lo mejor de ti mismo. Retos peligrosos incluso para las relaciones más sólidas.

Y puede que me esté poniendo moralista, pero también debes intentar evitar las situaciones que favorezcan las infidelidades. En los primeros años después del nacimiento de vuestro hijo, hay pocas energías para el sexo y la complicidad en el hogar. Puedes tener un desliz fuera de casa, y los destrozos serán importantes. Te debes no tomar esa opción cuando la vida te exige más. Y también se lo debes a tu pareja.

No siempre son quienes discuten más los que tienen los problemas más graves. He conocido parejas que se echan la bronca a voces, pero son felices juntos. Y también me he encontrado con otros que nunca discuten por nada, que se sonríen en silencio, con prudencia, pero a la vez son profundamente desgraciados. No es la discusión en sí la que marca la diferencia. El problema surge si repetís el mismo esquema siempre, si le das la sensación a tu pareja de que es insignificante y carente de valor. En ese caso, la relación se romperá.

Todas las parejas pueden necesitar ayuda en un momento determinado para verse el uno al otro. Así es: todos necesitamos que nos comprendan y esa es una de las cosas que resultan más difíciles cuando se desata el caos de los niños pequeños. Si has llegado a un punto en el que eres incapaz de mirar a tu pareja con entusiasmo y amor, espero que tengas la valentía de buscar la ayuda de una tercera persona para encontrar la esperanza y la alegría. Ver al otro puede ser una experiencia muy conmovedora. Cuando me encuentro ante parejas que han llegado a un punto en el que nunca pensaron estar, que luchan para volver a encontrar aquello que una vez tuvieron, suelo darles más o menos los mismos consejos.

5 CONSEJOS PARA CUIDAR DE VUESTRA RELACIÓN DURANTE LOS AÑOS EN QUE TENÉIS NIÑOS PEQUEÑOS

1. Preparad pequeños encuentros. Una taza de té tras acostar al bebé, una llamada durante el primer descanso del día, algo que os haga levantar la vista de la cuna del bebé y deciros «hola». Intentad crear pequeños encuentros cuando sea posible.

2. Dejad al otro libertad. Los dos necesitáis un tiempo sin exigencias, sin bebé y sin pareja. Concedeos estos respiros sin grandes aspavientos y sin exigir algo a cambio.

3. Estad cerca el uno del otro. La proximidad física, es decir, eso que no puede expresarse con palabras. Seguid tocándoos. Un beso en la mejilla, una mano que acaricia, un beso, busca esas maneras de mostrar que sois especiales el uno para el otro. Que vosotros, incluso en medio de este proyecto tan exigente, sois algo más que amigos.

4. El sexo es un pegamento fantástico en la relación. Para los padres de niños pequeños, es un bien escaso muchas veces. ¡Aprovechad para disfrutar cuando podáis! Y si no podéis hacerlo con frecuencia, dejad que la fantasía mantenga vivo el rescoldo. No renunciéis a las fantasías, aunque haya pocas ocasiones. Pero no os presionéis. Si tu pareja todavía no quiere acostarse contigo, podéis dañar la relación si insistís demasiado. Sed pacientes el uno con el otro, la intimidad volverá si así lo queréis.

5. Sed comprensivos. Cuando tu pareja se ponga imposible y no te entienda, intenta ser tú el comprensivo. Buscar una solución es un acto muy poderoso. ¡Atrévete a dar el primer paso!

El amante solitario

En muchas relaciones de pareja, cuando llega el bebé, se establece un esquema de comportamiento en el que una de las partes se vuelve controladora y se obsesiona con los detalles. Esa parte decide cómo hay que tratar al bebé, cómo hay que vestirlo, cuándo debe este comer y de qué puede alimentarse: esa parte sabe siempre qué es lo mejor. Así, la otra parte se siente tonta con frecuencia, piensa que no es lo bastante buena, cree que no da la talla. El resultado suele ser, casi siempre, que se aparta de su hijo. «No tiene sentido intentarlo si nunca está bien lo que hago», piensa. A su vez, esto refuerza la percepción que tiene el otro de que es el único que hace algo. Como consecuencia, los dos se sienten solos, cada uno a su manera.

En la mayoría de las parejas, la madre se vuelve controladora y el padre se aparta. Ella sabe mejor qué hay que llevar en la bolsa del bebé, así que él deja de ocuparse de ese tema. Ella sabe mejor cuándo hay que darle de comer, así que él pasa de la alimentación de su hijo y espera a que ella lo alimente. Ella lo sabe todo sobre el baño, el cambio de los pañales y el carrito que deben elegir. Así que él deja que sea ella quien lleve esos asuntos. Así es como quedan solos y se sienten defraudados el uno con el otro. La madre está decepcionada con un hombre que no da la talla, que no parece preocuparse por ella, y el padre está desilusionado con una mujer que no le permite acercarse ni a ella ni al bebé que tienen en común.

He hablado con muchos hombres que cuentan cómo se han sentido invisibles o excluidos durante los primeros años de la vida de sus hijos. Muchas mujeres casi olvidan que tienen una pareja: están convencidas de que saben lo que es mejor y creen que han pasado de estar casadas con un tipo estupendo y autónomo a vivir con un pelele sin iniciativa. Para ser sincera, creo que, con frecuencia, es ella quien le hace ser así. En una relación de pareja, tú modelas al otro.

FIN DE SEMANA LIBRE

Con frecuencia, me preguntan si es adecuado que los padres se marchen de fn de semana cuando el niño tiene un año. Respondo que no. Comprendo muy bien que muchos padres deseen un poco de tiempo para ellos mismos y un pequeño respiro después de un periodo tan convulso, pero un niño tiene poco sentido del tiempo y no llevará bien que os marchéis. El niño vivirá la ausencia como un drama, se le hará larguísima y, con razón, se sentirá inseguro. Suelo decirles a estos padres que no deberían perder el tiempo viajando y que opten, mejor, por pasar una noche en un hotel de la ciudad en la que residen. Buscad un canguro en quien confiéis, concedeos un pequeño respiro del día a día, pero estad cerca de vuestro hijo y tened claro que basta con una noche. Si tienes un bebé, necesitará que estés presente todo el tiempo. Luego, poco a poco, en los meses y años siguientes podrás ir aumentando el periodo de tiempo que pasáis separados. Un niño de dos años no debe estar alejado de sus padres más de dos o tres noches.

Seguro que un día acabarás en la misma situación que yo: con los niños suplicándote que te marches para que puedan quedarse con un canguro mucho más divertido que su madre y su padre.

Esta soledad que creamos entre nosotros es un estribillo que se repite en mi consulta. Lo he oído durante todos los años en los que he tenido este trabajo: la soledad es la causa más frecuente por la que los padres se separan cuando sus hijos son pequeños. Por eso, cuando se trata de terapia de pareja, siempre intento mantener abierta una ventana a la esperanza, dejo entreabierta la puerta a un lugar donde todavía los dos pueden encontrarse.

Quiero aconsejarte que siempre busques ese espacio, que no te dejes arrastrar hacia la soledad. Puede ser estupendo ver a tu pareja en el papel de madre o de padre, ver cómo surgen aspectos completamente nuevos de la persona de la que un día te enamoraste. La soledad solo conduce a la ira. Siempre afecta a aquel con quien tenías intención de compartir el resto de tu vida.

Separarse

Hay relaciones que se rompen. Lo sé bien. No todas las parejas están destinadas a estar juntas para toda la vida, y eso suele quedar especialmente claro cuando llegan los niños. Tener hijos es como aplicar una lente de aumento a la relación que deja al descubierto quiénes sois de verdad cuando estáis juntos, qué valores compartís, cómo veis el mundo que os rodea. Las diferencias entre vosotros quedan muy claras cuando formáis una familia. Lo que te atrajo más del otro en su día te puede resultar insoportable ahora. Lo que no parecía tan importante antes de que llegaran los cumpleaños infantiles y la hora de irse a la cama, de pronto, puede resultar lo más decisivo.

Aquellos a los que he visto romper le han dedicado mucho tiempo y mucha energía a tomar la decisión. Y así debe ser. Si te separas de alguien con quien has tenido hijos, vais a tener relación el resto de vuestra vida, tienes que estar seguro de lo que haces. al mismo tiempo, la ruptura no puede ser tan lenta que os amarguéis y no seáis capaces de perdonaros.

He trabajado con parejas que deberían haber roto hace mucho tiempo, pero que se aferran al sueño de lograr que la vida familiar funcione. Por muy mal que les vaya, esa ilusión sigue viva en su interior. Están atascados y eso resulta destructivo.

Sin embargo, la verdad es que, al final, a la mayoría de las parejas les sale bien su proyecto. La mayor parte de los niños crecen con sus dos progenitores. No hay por qué ser pesimista, hay muchas razones para buscar las cosas positivas que tiene la otra persona, para que os reunáis en un proyecto común, que sois *vosotros*, para que os veáis el uno al otro, os ayudéis y os perdonéis.

Y debes saber esto: la cosa irá a mejor. Puede resultar increíblemente agotador tener niños pequeños, pero es algo pasajero. Llegarán nuevos tiempos. El niño crecerá.

Pero ¿qué pasa si tienes la sensación de que las cosas no salen bien?

Cuando me divorcié de mi primer marido, pensé que era el fin del mundo. Después, comprendí que era un poco pronto para llegar a esa conclusión, pero en aquel entonces era una madre sola y recién divorciada que luchaba todos los días con la vida para sacar adelante a su hijo pequeño. Era desgraciada. Recuerdo que me extrañó que toda mi ropa se hubiera vuelto tan ancha, hasta que me di cuenta de que había perdido mucho peso. Pero todo acabó bien. La vida da muchas vueltas.

Los hijos aceptarán la familia que se forme a su alrededor. Cuando son pequeños, no es el peor momento para separaros. Pero tendréis que buscar la manera de que los dos podáis estar con vuestro sin que la situación perjudique al niño. Cuando es muy pequeño, las semanas alternas le darán sensación de inestabilidad. Lo mejor es pensar que no hace falta que deis ahora con la manera definitiva de organizaros. Es mejor que os ocupéis de que el niño tenga un sitio fijo donde vivir, en el que pueda pasar tiempo con los dos. Los niños son poco flexibles durante sus primeros años, no puedes estar con ellos de allí para acá. Tendrás que dedicar tiempo a investigar qué es lo que le viene bien.

Y no olvides que esa situación no tiene por qué ser definitiva. Planificad los tiempos, probad qué es lo que funciona con vuestro hijo, y os daréis cuenta de si el niño lleva bien lo que hacéis. Luego las cosas cambian. Podéis buscar nuevas soluciones que sean lo mejor para la familia, incluso cuando resultó que no era la familia que teníais prevista.

LA ENFERMEDAD

Una pareja vino a verme porque discutían constantemente por la salud del niño. Él tenía miedo, quería que fueran al médico al más mínimo síntoma de que su hijo pudiera estar enfermo. Ella opinaba que la enfermedad es parte de la infancia y que la mayoría de las cosas se pasan solas. Su tranquilidad causaba que él se pusiera más nervioso, mientras que la ansiedad de él provocaba que ella se volviera fría. Vinieron a verme porque se preguntaban quién tenía razón, pero creo que salieron por la puerta comprendiéndose un poco mejor el uno al otro.

Es fácil contestar quién tenía razón. Ella, en la gran mayoría de los casos. Con frecuencia, los niños se ponen enfermos y, para curarse, no necesitan más que tiempo, amor y suficientes líquidos.

Al mismo tiempo, él tenía razón en que no podían perder a los dos niños a los que aman por encima de todo, y en que eran, además, su responsabilidad. Intenté mostrarles que los dos tenían razón, que se necesitan los dos puntos de vista para cuidar de los hijos. Necesitaban la perspectiva del padre, porque no podían perder lo que ya tenían. Y necesitaban la de la madre, porque su punto de vista salvaría a los niños de una existencia hipocondríaca. Los niños necesitan adultos que les digan: «Todo va a salir bien».

Tarde o temprano, todos nos topamos con virus y bacterias que contribuyen a crear defensas. Sobre todo, cuando los niños empiezan a ir a la guardería o a estar a cargo de un cuidador. Las infecciones llegarán y se pasarán. Las infecciones de garganta, de oído, los virus, los catarros..., todas las enfermedades. La regla básica es que debes acudir al médico si un niño menor de seis meses tiene fiebre. Después, será cuestión de buscar ayuda cuando el niño tenga más de cuarenta grados de fiebre, dolores que no se pasan o si no se calma. Lo mismo vale si los padres no se tranquilizan, muchas cosas se pasan solas y no requieren tratamiento, pero da seguridad aclarar que los hijos no corren peligro.

Sea como fuere, tendréis que superar estas situaciones como una familia: pasando noches en vela, cargando en brazos a vuestro hijo, empujando su carrito, consolándolo, soportando sus mocos, su fiebre y sus vómitos. No hay otra manera de sobrellevarlo. Haced turnos, intentad afrontarlo juntos. Los niños enfermos son exigentes, pero acaban curándose.

Cuando la pareja salió de mi consulta, ella había comprendido por fin que la intranquilidad de él era la expresión de algo hermoso, y él se había dado cuenta de que la calma de ella no era un indicio de que fuera fría. Cuando volví a verlos un mes más tarde, hablaban de las enfermedades de los niños de una manera completamente distinta. Se habían encontrado en un punto medio, en lugar de haberse convertido en enemigos. Ella se había involucrado bastante más en las enfermedades de los niños y él estaba claramente más relajado. Confiaban más el uno en el otro. A los adultos nos viene bien que nos recuerden que, con frecuencia, nuestras diferencias hacen que formemos un buen equipo a la hora de ser padres.

6

PONER LÍMITES Y SER CONSECUENTE

Es mucho más fácil hacer daño a un niño pequeño de lo que imaginas. He visto lo poco que sus pequeños cuerpecillos aguantan. Y he visto los sentimientos que los niños pueden despertar en nosotros, los adultos. Te sentirás desorientado e impotente, te enfadarás. El futuro está lleno de circunstancias en las que te sentirás bastante fracasado e insignificante. Puede que ocurra cuando tu hijo llore sin que aciertes a consolarlo, o tal vez cuando tenga un año y no se quiera ir a dormir.

Cuando los adultos se sienten menguados, en las familias ocurren las cosas más feas. Y hasta pueden surgir situaciones peligrosas. Como padre, debes saber esto: nunca careces de recursos ni eres insignificante, aunque puedas sentirte así.

Cuando se presente una crisis, debes hacer todo lo que esté a tu alcance para manejar la situación sin recurrir a la fuerza, sin pegar al niño ni asustarlo. Si lo consigues, ya habrás hecho mucho. En estos

> Debes recurrir lo
> menos posible a la fuerza,
> sean cuales sean las circunstancias.
> Los niños de menos de cuatro años
> se ven más expuestos a la violencia y
> los castigos corporales. Se tiende a
> considerar a los niños varones más
> equiparables a los adultos de lo que
> realmente son. Pero ellos no pueden
> responder ni avisar de que ya
> es suficiente.

primeros años, puedes crear patrones que te serán útiles durante toda la infancia.

Hay una buena manera de salir encarar los peores días.

¿Qué grado de fuerza es aceptable?

Es fácil decir que no hay que pegar a un niño. En el país en el que yo vivo, hacerlo está prohibido por la ley, nunca es aceptable pegar. Pero, en el mundo real, nos movemos permanentemente entre límites borrosos. En la práctica, los castigos físicos son algo que te acabarás encontrando. ¿Cuánta fuerza puedes usar cuando vas mal de tiempo para llegar al trabajo un martes por la mañana y el niño se niega a ponerse el jersey? ¿Cuánta presión es aceptable cuando tienes que sujetar a tu hijo a la sillita del coche y no se deja? Uno de mis hijos era una especie de futuro mago Houdini, el rey del escapismo. Daba igual lo mucho que apretáramos el cinturón de la sillita, siempre se liberaba con una sonrisilla satisfecha. Se convirtió en una especie de truco de magia particular, lo que podía resultar increíblemente frustrante. Es muy probable que tú sientas que la ira te desborda en algún momento, como le ha pasado a la mayoría de los padres antes que a ti. Sentirás lo irritante que puede ser un bebé que no deja de llorar.

¿Con cuánta fuerza puedes sujetar al niño? ¿Cuán brusco puedes ser para que haga lo que quieres?

Los niños más pequeños son los que sufren la peor violencia, ya que les falta el lenguaje y la posibilidad de controlar sus sentimientos, y tienen poco aguante. Sus huesos son blandos, sus músculos débiles, tú eres inmensamente más fuerte. Es fácil dañar a un bebé para toda la vida.

He hablado con muchos padres que han empleado demasiada fuerza con sus hijos pequeños. Y cuando escuchas cómo lo cuentan, cuando ves cómo les cuesta dar con las palabras, enseguida comprendes que no son unos monstruos. Son personas normales que llevan mal encontrarse en una situación excepcional, que fracasan cuando la presión y la desesperación son demasiado grandes, que no han descifrado aún el código de su hijo.

No basta con querer a tus hijos, también tienes que esforzarte en entender cómo se desarrollan, de qué son capaces, qué no pueden hacer. Los niños pequeños nunca quieren hacer las cosas mal, todo lo que precisan es cercanía y seguridad.

¡Párate y piensa!

Si notas que te acercas al límite, que te invaden la ira y la desesperación, te recomiendo que te detengas y pienses: «¿Qué hago ahora?». Si eres capaz de hacer eso, también estarás a tiempo de frenar.

LOS PADRES DEBEN EVITAR EL USO DEL «TIEMPO MUERTO» O LOS CASTIGOS. SI ENTRAS EN ESA DINÁMICA, SERÁ FÁCIL QUE MÁS TARDE JUSTIFIQUES EL USO DE LA FUERZA.

Si tienes un niño pequeño que te saca de quicio, déjalo en un lugar seguro donde no pueda hacerse daño. Haz una pausa. A solas. Pide ayuda a alguien de confianza. Cualquier cosa antes que ser demasiado brusco con una criaturita.

Todos estamos condicionados por nuestra propia infancia, por las expectativas que tenemos ante lo que es educar a un niño pequeño. Hay quien cree que darle un cachete a su hijo cuando hace algo «malo» es una buena manera de educar. No lo es, solo es doloroso. Lo único que le enseñas así es que resulta dañino tener a mamá o a papá cerca.

Esos pequeños castigos a los que los padres pueden recurrir son una fórmula infalible para que los hijos carguen con un sentimiento de vergüenza. Les estás diciendo constantemente: «No eres lo bastante bueno». Y puedo garantizarte que no conseguirás lo que estás buscando. En lugar de eso, desharás vuestro vínculo. Le estarás quitando al niño su seguridad, matarás sus ansias de llegar más lejos, y arruinarás la autoestima que tanto necesitará durante el resto de su vida.

Y, como ya he dicho, también te encontrarás con estas circunstancias en las áreas grises, en las pequeñas y grandes situaciones cotidianas.

La próxima vez que vayas a salir en coche y tengas dificultades para conseguir que tu hijo de nueve meses se relaje en su asiento, debes hacer todo lo que puedas para lograrlo. Tendrás que distraerlo un poco, hacerle unas carantoñas, recurrir al iPad o al batido de chocolate, cantar cancioncillas y parar todas las veces que haga falta hasta que llegues a tu destino. Así es la vida a veces. Nunca debes darle a un niño una bofetada, zarandearlo, asustarlo o mostrarle cuánto más poderoso que él eres. Es evidente. Cualquier otra alternativa es mejor.

Crea unas pautas desde ahora mismo

Cómo trates a tu hijo ahora creará un precedente sobre el tipo de relación que tendréis más adelante. Por eso, los padres solo saldrán ganando si se acostumbran a salir al encuentro del niño de una manera sensata, también cuando la vida diaria los desborde.

Eso quiere decir que debes intentar ver las cosas desde el punto de vista del niño: «¿Qué ocurre? Pues que acabamos de salir de la guardería, está cansadísimo y le he hecho pasar por el supermercado. ¿Puede que no fuera buena idea? Será mejor que nos vayamos a casa». Esa forma de pensar dará mejores resultados que entrar en conflicto con el niño en el supermercado: «No quiero que mi hijo sea así, voy a impedir este comportamiento».

Si ahora aprendes a enfriar los problemas, estarás creando unas pautas para afrontar situaciones aún más graves en el futuro.

Es casi una especie de gimnasia mental: cada vez que sientas que la cosa esté caliente, debes ponerte a la altura de tu hijo y ver la situación desde su perspectiva. Si estás en una cafetería y tu hija de año y medio está intranquila y se porta «mal», debes pensar: «Vale, este sitio se te queda pequeño, necesitas ir a casa a dormir, y eso haremos».

Si llevas esa manera de pensar contigo, tendrás una buena recompensa en los próximos años.

Evita llegar al límite

Los niños quieren gustar, siempre intentan adaptarse a todo. También se cansan, tienen sueño y hambre o están molestos por algún motivo. Con el tiempo, aprenderás a conocer a tu hijo, y verás las señales que se presentan como pequeñas nubes en el horizonte. Una gran parte de la educación consiste en no llegar a ese punto de no retorno.

La razón por la que muchos padres tienen la experiencia de que el niño se porta bien en la guardería pero en casa resulta más exigente es que los que trabajan allí tienen más habilidad para organizar las actividades adecuadas e intercalan los descansos necesarios. Diseñan el día a la medida del niño.

Es importante aprender qué es lo adecuado para tu hijo. Algunos niños pasan con facilidad de una a otra actividad, mientras que otros encuentran muy difícil hacer ese cambio. Con frecuencia, es en esa transición cuando se presentan las dificultades.

Se trata de que veas cuándo se acerca al límite tu hijo y de que actúes en consecuencia. Debes encontrar el sendero adecuado para tu hijo, y las cosas que funcionan suelen ser las aburridas: rutinas, previsibilidad, tranquilidad, comida, paciencia y suficiente sueño.

Esto último también es aplicable a ti como padre.

Si crees que el niño te está poniendo a prueba o intenta irritarte, es más fácil que llegues a la conclusión de que debe responsabilizarse de sus actos, de que un vaso roto merece un castigo, o de que hay que penalizar ese llanto de antes de irse a dormir. Eso no tiene sentido. El niño solo necesita que estés con él. Que, de la mejor manera posible, intentéis juntos solucionar los problemas que se presenten.

¡Socorro! ¡Mi hijo de un año muerde!

La primera vez que mi hijo pequeño mordió a su hermano tres años mayor tenía algo más de un año. El pequeño estaba acostumbrado a que su hermano mayor fuera una especie de poder superior que hacía lo que le daba la real gana. Y el pequeño lo aceptaba sin más. Hasta que, un día, el mayor le quitó un juguete que le gustaba y el otro respondió hundiendo los dientes en el antebrazo infantil y blandito de su hermano mayor. Creo que los tres nos quedamos igual de sorprendidos.

De repente el pequeño podía respaldar con la fuerza sus exigencias, podía morder.

Me preguntan con mucha frecuencia qué se puede hacer cuando un niño de dieciocho meses muerde y pega. Lo cierto es que es tan habitual en este rango de edad que no lo consideramos extraño. Los pequeños se comunican como pueden y recurren a los medios que

ES FÁCIL IRRITARSE, PERO SIEMPRE ES UN ERROR DESCARGAR TU FRUSTRACIÓN SOBRE UN NIÑO. LO MEJOR QUE PUEDES HACER EN ESE CASO ES COMPRENDER QUE HAS INICIADO UN CAMINO EN EL QUE NO PODRÁS AYUDAR A TU HIJO.

tienen a su alcance. Prácticamente todos los niños de dos años que muerden y pegan dejarán de hacerlo. Como padre, no puedes hacer otra cosa que decir: «Ay, eso le duele a tu hermano mayor. Déjalo».

Y, después, apartar al niño de la situación conflictiva y hacer otra cosa. No es útil dar demasiadas explicaciones, ni castigar ni enfadarse. Lo único que puedes hacer es manejar la situación de manera que no se genere un conflicto peligroso entre los involucrados.

La mejor medicina para tratar los mordiscos y los golpes es el lenguaje. Cuando tu hijo pueda hablar más, su necesidad de comunicarse a mordiscos no será tan grande. Léele al niño, habla con él, sírvete de las palabras cuando juguéis. El lenguaje es una herramienta fantástica que también produce que los niños sean más tranquilos.

Puede que sea esa la razón por la que pegar o morder sea tan habitual hacia los dos años, justo antes de que llegue el lenguaje de verdad y nos ayude.

¿Cuándo aprenderá?

La primavera pasada, después de dar una charla en la costa oeste de Noruega, un hombre me estaba esperando a la salida. «Todo lo que has dicho me ha parecido bien, pero ¿no crees tú también que llegados a un determinado punto tiene que haber un límite? ¿Cuándo aprenderá mi hijo?» Yo había hablado de qué puede esperarse de los niños más pequeños. El hombre preguntó amablemente si no era hora de que su hijo de año y medio dejara de ponerse imposible cada vez que tenía que lavarse los dientes. ¿Cuándo deben aprender los niños? «Aprenderá, pero le falta todavía.» Me di cuenta de que la respuesta lo decepcionaba un poco. «Piensa en ello como si fuera un proyecto», proseguí. «La manera en que gestionas estas situaciones ahora marcará el tono de vuestra relación en el futuro. Tu hijo aprenderá de la manera en que gestionáis juntos que se lave los dientes, aprenderá de tu calma y de tu paciencia, de tu sentido del humor. Tal vez se te ocurran maneras creativas de que lleve mejor la situación. Al final, aprenderá, te lo aseguro.» Él sonrió y se encogió de hombros. «En todo caso, debes saber que tu manera de reaccionar es superimportante; para tu hijo, ver lo que haces tiene mucho valor», dije yo.

Si, como padre, reaccionas con contundencia ante algo que te irrita, tu hijo aprenderá a responder con la fuerza a sus hermanos pequeños o a los niños de la guardería. De esta manera, estarás creando una familia en la que se reacciona intensamente por todo. Sin embargo, si eres capaz de gestionar con el niño las situaciones complicadas y de mostrarle que, como adulto, las sabes manejar y funcionas, a pesar de que la vida sea un poco exigente, tu hijo aprenderá. Estas situaciones pueden ser quitar la tapa a un yogur, mancharse la camiseta o que un vaso de agua se caiga al suelo.

Cuando estáis en esas situaciones difíciles, le transmites dos cosas al niño:

1. ¿Cómo se solucionan los problemas?

¿Qué hago cuando las cosas se ponen difíciles? ¿Soy de los que pierden los estribos o sigo adelante? ¿Puedo pasar por una tormenta y, a pesar de todo, mantener una especie de calma? Esto también es aplicable a la vida adulta. Si tienes problemas en el trabajo, es mejor decir: «Esto ha resultado complicado, pero voy a ver qué se puede hacer» que tirar las cosas de tu despacho al suelo y pegar gritos.

Tu hijo aprenderá de la manera en que afrontas las dificultades.

2. ¿Cuánto valgo?

El niño se hará una idea de quién es él y de qué trato merece. Y aquí llega lo que resulta bastante aterrador para todos los padres: si tratas a un niño que se porta mal de manera poco apropiada, lo que se les quedará será esto: la creencia de que no son buenos, de que no tienen valor. En ese caso, tampoco intentarán mejorar.

Algunos se esforzarán demasiado y tendrán dolor de estómago en el colegio, porque luchan contra la sensación de que no valen nada. Otros se rendirán sin más, se portarán mal, y es seguro que tendrán dificultades.

Tú creas la voz que el niño se llevará consigo al mundo adulto. Eso quiere decir que algunos pensarán: «Sería mejor que yo desapareciera, así se solucionaría el problema», o: «¡Esto no puede salir bien!». Es muy doloroso escuchar esta música, pero no es infrecuente.

Cuando tu vida diaria se pone difícil, puedes decir: «¿Tienes que ser siempre tan problemático? ¿Ya estás dando la lata otra vez con esos zapatos? ¡Vas a hacer lo que yo te diga!», o puedes respirar hondo y decir: «Vamos mal de tiempo y comprendo que quieras esos zapatos. Hemos de intentar buscar una solución».

En cada pequeño conflicto cotidiano que se presenta en la vida, pones los cimientos de la educación de tu hijo. Y habrá muchos. Piensa quién quieres ser. Y hazlo lo mejor que puedas.

ESTO ES LO QUE DEBES HACER EN MOMENTOS DE TENSIÓN

1. **¡Conéctate a tu hijo!** Averigua qué es lo que le pasa. Cuando las cosas se complican, estás a favor del niño, no en su contra.

2. **Acepta los sentimientos de tu hijo. Están ahí por alguna razón. Sea lo que sea lo que el niño exprese, tiene una causa. No siempre los entenderás, pero a veces es mejor aceptarlos a pesar de que no los entiendas todavía.**

3. **Ayúdale a seguir adelante. Consuela al niño y ayúdalo a ponerse en marcha otra vez, elimina lo que es desagradable, haz lo que tengas que hacer. Para los más pequeños, suele funcionar bien apartarlos, buscar otra cosa que llame su atención, que despierte su curiosidad.**

Evita pensar en los conflictos que tengas con tu hijo como en oportunidades para derrotarlo. Piensa que hay que solucionar las cosas y calmarlo. Si batallas con el niño, estarás empeorando la situación. En ese caso hay dos salidas: bien gana el niño y no consigues nada, bien ganas tú a costa de tu hijo, lo que a largo plazo supondrá demasiadas derrotas para este.

PLANTAR CARA A TUS PROPIOS PROBLEMAS

Las personas estamos hechas para estar juntas. Siempre nos buscaremos los unos a los otros, seremos más felices cuando tengamos intimidad con los demás, cuando nos abracen y abracemos. En cierto modo, esto nos hace muy vulnerables. Tanto a grandes como a pequeños. Estamos expuestos a que aquellos que sentimos más cercanos no cuiden bien de nuestros corazones. Si has tenido una mala relación de pareja, sabes que puede dolerte incluso físicamente, que los sentimientos se apropian de tu cuerpo.

Un bebé no es capaz de crecer y desarrollarse bien si no tiene intimidad ni contacto piel con piel. Por eso, tu hijo busca tu calor, la seguridad de tu respiración, tu olor. Por eso es bueno que esté acostado junto a tu pecho y que oiga el latido de tu corazón.

El niño construirá su seguridad desde dentro hacia fuera. Primero con una persona, luego con dos, más tarde con tres, e irá ampliando este campo. Cuando haya aprendido a sentirse seguro con los más allegados, buscará estar cómodo con otros. Y a todos los niños les conviene encontrar seguridad en más de un lugar. Eso les dotará de más recursos en la vida y les hará ver que el mundo es un lugar bastante bueno, también después de salir por la puerta de su casa.

Durante los primeros veinticuatro meses, el gran salto —tanto para los niños como para los mayores— suele ser empezar a ir a la guardería o quedarse bajo la supervisión de un canguro. Puede ser un reto muy duro dejar a tu hijo a cargo de otros, especialmente cuando habéis estado tan juntos. Pero, por otra parte, al niño le esperan cosas buenas.

Te voy a contar qué es lo que busco en una guardería y qué puedes hacer para acostumbrar a tu hijo de la mejor manera posible a esta nueva existencia. Porque todos los niños tendrán que salir al mundo, tarde o temprano.

Miedo a los extraños

Durante los primeros meses, el bebé no protesta demasiado cuando son otros quienes lo cuidan o lo mecen. Puede encontrarse seguro en cualquier regazo, pero, entonces, hacia los siete u ocho meses, ocurre algo. Empieza a llorar, sí, a berrear, cuando alguien que no es de los más allegados lo sostiene. Los que creían tener un bebé muy seguro experimentan que le disgusta si un amigo o un compañero de trabajo se acerca demasiado a él. Los abuelos se horrorizan, y los padres creen que han fracasado cuando, de repente, el niño está irreconocible. He conocido a muchos padres que se avergüenzan un poco de esto, pero la verdad es que se trata de un desarrollo saludable para el niño. El miedo a los extraños es señal de que tu hijo está volviéndose más listo, de que aprende a distinguir, y, así, lo más seguro siempre será lo mejor.

Tu labor como padre es hacer que se sienta más seguro, no menos.

Si nos avergonzamos de algo que es natural para el niño, puede hacer que nos retraigamos, que no estemos igual de accesibles.

La solución no es presionar al niño, procura mejor que estéis en contacto con otros adultos con los que se sienta bastante seguro. Deja que jueguen con tu hijo, que le hagan caricias y bromas mientras tú estás cerca. El escepticismo más agudo se pasará en unas semanas.

Mi primogénito pasó por esto mientras yo estaba de exámenes. Teníamos una canguro que probó de todo, pero al final tuvo que darse por vencida. Todavía recuerdo lo desesperada que estaba cuando dijo: «Perdona, de verdad que no sé por qué han salido así las cosas».

La verdad es que ella no fracasó: sencillamente, se encontró con un bebé en plena fase de desarrollo del miedo a los desconocidos. Y yo tuve que coger el coche y salir de la ciudad para llevarlo a casa de mi hermana, que se parecía a mí lo suficiente como para que el bebé confiara en ella y la aceptara.

Soltarlo demasiado deprisa

La seguridad llega gradualmente, hay que construirla. Un niño no es un paquete que se pueda entregar, sin más. Necesita poder familiarizarse con las personas nuevas que lo van a coger, y necesita ver que mamá y papá aprueban a los nuevos adultos, que los conocen. Es un equilibrio complicado: no debes soltar a la fuerza a tu hijo en el regazo de otros y dejarlo llorando. Si lo haces, ¿cómo va a poder confiar en ti? Los niños necesitan que varios adultos se preocupen

> Un recién nacido
> prefiere la voz de su madre y
> su olor desde el primer instante.
> Si se le entrega a otras personas
> para que se hagan cargo de su
> cuidado, pasará algo de tiempo
> hasta que diferencie entre la voz
> de los más próximos y la de los
> demás. Pero ese momento llegará,
> a través de la proximidad,
> piel con piel.

por ellos, que los cuiden y los acompañen. Eso hace que el mundo sea más seguro.

Conocía a una niña pequeña que se encontraba tan poco a gusto en la guardería que no quería ir de ningún modo. Pero, cuando sus padres por fin consiguieron que entrara, se comportaba con tranquilidad y se mostraba hasta extrovertida. Cuando hablé con ella, dijo que en su interior tenía miedo todo el rato. Sus padres me contaron que, desde el primer momento, se habían preocupado de que fuera de regazo en regazo. Para ellos era importante que conociera a todo el mundo y se sintiera segura con más gente. Incluso, cuando llegó a los ocho meses y empezó a protestar, no se rindieron. La obligaban a irse con personas distintas y no veían que fuera problemático que su hija cambiara constantemente de canguro. Lo consideraban un buen entrenamiento, estaban orgullosos de su amplio círculo de amistades y les encantaba conocer a gente nueva. Con frecuencia, la niña lloraba hasta quedarse dormida, pero no pensaban que debieran ceder. Era imprescindible que su hija se acostumbrara a estar con otra gente.

El resultado fue una niña que podía tratar con todo el mundo, aparentemente. Pero, desde su punto de vista, desde dentro, ella tenía miedo de la gente nueva. No los conocía, solo se portaba bien para que sus padres estuvieran contentos. Adquirir seguridad lleva tiempo. Debes ir «soltando» a tu hijo de manera gradual, dejar que primero conozca a los abuelos y a los primos, luego a los vecinos y a los amigos. Amplía su círculo paso a paso. Ni lo empujes ni lo retengas.

Agarrar con demasiada fuerza

Una madre joven se sentía atrapada en casa. Su hija de nueve meses lloraba cuando alguien que no fuera ella la cogía en brazos. Por eso, pensaba que siempre debía llevarla ella. Eso dio lugar a que no pudiera salir al supermercado ni ir sola al baño. Nunca podía ver a sus amigas sin llevar a la niña y que esta le exigiera algo. Cuando vino a verme, estaba agotada y deprimida por lo que pensaba que era «una niña exigente».

Trabajamos juntas una temporada e intenté mostrarle cómo podía dejar que su hija conociera a otras personas, que hablara con ellas, que la tuvieran en su regazo, que jugara con otros niños y que, poco a poco, pasara ratitos con los demás antes de estar de nuevo con su madre. Paulatinamente, tanto ella como la niña aprendieron cómo puede ir haciéndose el círculo más grande y seguro.

De esta manera, la niña obtuvo dos cosas: una madre más animada —algo que, con certeza, necesitaba— y la experiencia de que el mundo de ahí fuera le podía gustar. Si hubiera seguido estando pegada a su madre, esta se habría agotado y la niña habría acabado teniendo ansiedad.

Algunos niños se soltarán de la mano y se perderán en una habitación llena de adultos desconocidos, mientras que otros se aferrarán al cuello de sus padres. Pero, sea como sea, todos necesitamos formar parte de la comunidad. Forma parte nos hace personas. Debes conocer a tu hijo lo bastante bien como para poder ayudarlo a salir al encuentro de todos los demás. Y debes saber que no puedes obligar a nadie a salir ahí fuera. No enseñas a un niño a nadar tirándolo al mar. Debes acostumbrarlo al agua, enseñarle a flotar, mostrarle que lo conseguirá, que todo saldrá bien. Algunos niños se sentirán a gusto entre las olas, otros necesitarán más tiempo. Y, de la misma manera, encontrarán su lugar en la comunidad.

Madre o padre solteros

Si eres de los que están solos con su hijo, esto será todavía más importante para ti. Estar los dos solos es, en muchos sentidos, algo positivo, y os hará sentiros muy cercanos. «Nosotros dos.» Eso crea una intimidad muy especial. Pero, también, puede hacerse demasiado claustrofóbico. Todo el mundo necesita levantar la vista y ver a otra gente. Si tienes la responsabilidad tú solo, es recomendable contar con un hogar más abierto. El niño necesita perspectivas distintas, maneras diferentes de hacer las cosas, otras historias que escuchar. Llena tu casa de familia y amigos.

También el adulto precisa de otros adultos a su alrededor. Te volverás un poco loco si solo estás con un niño pequeño. Llegará un día en el que, como me pasó a mí, creerás que el pudin de pescado es la mejor comida del mundo. Los padres somos exactamente iguales a los niños, necesitamos estar en contacto con otras personas, cara a cara. Facebook no sirve de sustituto. En la vida real están la verdad, la energía y la igualdad.

No hay nada que pueda remplazar el contacto, el calor y el sentimiento que surgen cuando las personas se encuentran.

Empezar en la guardería

Hay una guardería un par de manzanas más allá de nuestro bloque de pisos. Cada otoño, veo a los padres que acaban de dejar a su hijo preocupados o a los que esperan impacientes en los alrededores para ver si el niño está bien. Y todavía recuerdo la sensación que atenazaba mi pecho cuando tenía que dejar al mío, que lloraba sin consuelo cuando me marchaba.

Puede romperte el corazón tener que dejar al niño en manos de otro; pero, tarde o temprano, la mayoría se ve obligada a volver al trabajo. Muchos sienten que eso no es natural, que no es correcto dejar a los hijos en manos de extraños, pero para él es decisivo. Necesita encontrarse con otros niños y con otros adultos que quieren lo mejor para él, entrar a formar parte de un conjunto mayor. Es importante que suceda a su ritmo. Puede resultar poco práctico tanto para la guardería como para los padres, pero así es: la seguridad lo es todo.

No creo que importe demasiado si el niño pasa cinco u ocho horas diarias en la guardería, pero creo que es muy importante cómo las pase.

Lo más importante es que pueda conocer a otro adulto con quien se sienta seguro, alguien a quien pueda acudir si se cae y se hace daño, alguien que le dé proximidad. Dejar que el niño empiece a ir a la guardería o quedarse a cargo de un canguro crea lazos seguros con otros adultos.

El aspecto que tenga ese lugar, los metros cuadrados del patio, lo modernos que sean los muebles o qué comida le den palidece ante esto: que de verdad salgan al encuentro del niño, que él se sienta visto.

Por eso, lo primero que observo en una guardería es si los que trabajan allí están con los niños, si bajan al suelo, donde transcurre la vida de los niños.

Adaptación

Los cambios son agotadores para el niño, por eso debes dar importancia a que sus días sean cortos, si puedes. La adaptación será un éxito si al menos un adulto de la guardería (o el canguro) ha conocido bien a tu hijo y ha aprendido a consolarlo, de manera que se sienta seguro y sepa a quién acudir.

Como ya he mencionado, algunos niños establecen vínculos con otras personas muy rápido, pero otros son muy prudentes.

SI TU HIJO VE QUE CONFÍAS EN QUIENES LO VAN A CUIDAR, SERÁ MÁS FÁCIL QUE ÉL HAGA LO MISMO.

Esto también tiene que ver con la edad y la fase en la que se encuentren. Si el niño tiene alrededor de seis meses, le resultará fácil adaptarse porque el temor a los desconocidos aún no se ha desarrollado. Pero eso no quiere decir que sea mejor empezar en la guardería o con canguro cuando se tiene medio año, solo implica que el niño aún no distingue entre alguien conocido y alguien desconocido. Acabará haciéndolo y, en todo caso, puede ser una etapa dura.

En la fase de adaptación, tu hijo necesita ver que confías en quien va a cuidarlo. Así, será más fácil para él hacer lo mismo. Debes conocer a quienes van a cuidar de tus hijos y mostrarles tu aprecio.

Al principio, puede ser buena idea que te sobre algo de tiempo cuando dejes a tu hijo en la guardería. De esta manera, no estarás estresado y tendrás la posibilidad de quedarte un poco más si hiciera falta. Es probable que lleve tiempo que esas grandes transiciones formen parte del ritmo familiar, pero pronto esto será lo más natural del mundo, algo que hagáis todos los días: llevar y recoger a tu hijo será una parte agradable de la rutina diaria.

Los encuentros y las despedidas con frecuencia lo son.

Un niño nada problemático

La mayoría de los niños se adaptan con rapidez. Los que no estén a gusto protestarán, mientras que otros se rendirán y se quedarán solos. Es fácil pasar por alto a un niño de un año que está ahí sentado. Sarah cuenta que casi se olvidaron de su hijo. Cada vez que iban a recogerlo, estaba detrás de la puerta, en silencio, con el mismo cochecito en la mano. Solo, alejado del resto de los niños. Cuando Sarah habló de esto con el personal, le respondieron que era un niño nada problemático y que era así como le gustaba estar. El niño lloraba mucho en casa desde que empezó la guardería. Se hizo más difícil acostarlo, más difícil calmarlo y, en general, la convivencia se complicó.

No es que el hijo de Sarah fuera un niño fácil, sino que no tenía la confianza suficiente con los adultos de la guardería. Mantener el contacto con los empleados, fomentar que hagan más partícipes a los niños en la vida de la guardería y establecer lazos emocionales con ellos es el camino que hay que seguir. Si los adultos no se embarcan en ese viaje, como padre, tendrás que empezar a buscar otra alternativa para que cuiden de tu hijo.

La entrega

«¿Tal vez debería aplazarlo y quedarme en casa?», me preguntó un vecino. Estaba en el patio trasero de nuestro bloque observando a su hija, que jugaba sola a la sombra de los viejos edificios. Me contó que estaban en el proceso de adaptación a la guardería y que la niña protestaba airadamente tanto al dejarla como al recogerla. El personal le decía que se marchara sin más, pero el padre pensaba que eso era

> Cuidar bien de los niños requiere adultos seguros, la posibilidad de ir más allá y desarrollarse, encontrar descanso. El niño necesita que jueguen con él, que lo alimenten y le cambien de pañales, cercanía y cariño. En definitiva, todo aquello que unos buenos padres le proporcionan.

antinatural. Incluso se le saltaban las lágrimas cuando, al salir de la guardería, oía llorar a su hija. Ahora estaba considerando la posibilidad de dejar de llevarla hasta seis meses más tarde, para que su hija fuera un poco mayor.

Cuando los niños protestan es señal de que no han encontrado la seguridad suficiente en su nuevo entorno, de que siguen echando algo en falta. En ese caso, creo que es adecuado dar un paso atrás junto con quienes tienen que responsabilizarse de ellos, preguntar si los conocen lo suficiente, si tienen el tiempo necesario a lo largo del día para dedicárselo. Como padre, debes confiar en la elección que has tomado. Puedes investigar previamente si la guardería o el cuidador parecen buenos, pero luego debes mantenerte firme en tu decisión, dejar al niño con seguridad y amor, decir adiós, asegurarte de que tu hijo está activo, y marcharte. Y aquí llega la parte difícil: es una situación dura si el niño llora; pero, si vienes y vas, provocarás más desconcierto que consuelo. Así no servirás de ayuda.

Es el adulto que se ha hecho cargo del niño quien debe consolarlo y manejar la situación desde ese momento.

Los encargados necesitan saber qué le gusta comer a tu hijo, de qué se ríe, cómo juega, cómo duerme, qué lo calma, todas esas cosas que compartís en casa. Después, encontrarán su camino para llegar a él, deben crear su propio lazo con tu hijo.

«Así es como hacemos aquí las cosas» rara vez es una buena vía para contactar con un niño. En lugar de eso, tu hijo necesita que salgas a su encuentro con él tal y como es, y eso es exactamente lo que debes intentar mostrar, tu hijo tal y como es.

¡SÉ CURIOSO!

¿Recuerdas la sensación que tenías antes de que tu hijo naciera? ¿Recuerdas la sensación de un brazo o una piernecita que se estiraba hacia ti desde el interior, la espera silenciosa con la mano sobre la tripa? ¿Recuerdas cómo esperabas constantemente que ocurriera algo nuevo, cómo seguías su desarrollo? «Ahora se está formando la nuca, ahora late un corazón, ahora llegan los dedos de las manos y de los pies, esto son las uñas.» Creo que puedes olvidarte de todos los cursillos para padres, de todas las páginas web y de los expertos en educación infantil, siempre que recuerdes esto: ¡siente curiosidad por tu hijo! Como cuando estabas esperando a la criatura en la tripa. Déjate fascinar por cada pequeño paso que dé, deja que se desarrolle; debes *verlo*, escúchale, sigue pendiente de él. Sé consciente de lo que puedes esperar de tu hijo y de lo que todavía no puede ser.

¡Y sé curioso! Así saldrás al encuentro de tu hijo de la manera adecuada.

LOS GRANDES HITOS

(SUEÑO, LENGUAJE, LACTANCIA...)

En el parque del Palacio Real, los patos nadan a la sombra de enormes arces y abedules que se plantaron alrededor de los pequeños lagos hace doscientos años. En verano se pasea por allí muchísima gente; en invierno, andan con la cabeza agachada y se apresuran camino a casa por los senderos de gravilla cubiertos de nieve. Me gusta cruzar el parque y, sea la época del año que sea, ver a primera hora de la mañana a madres y padres con sus cochecitos. A veces me doy cuenta de que les estoy sonriendo.

Tener hijos es, en verdad, una especie de *mindfulness* gratuito. Tiene sentido de manera inmediata y es una oportunidad para descender hasta el nivel más básico de los sentimientos, una oportunidad para existir. Los niños nos recuerdan todo aquello que olvidamos. Te ponen a su altura, te acercan al asombro ante el hecho de vivir, a todos los pequeños milagros que nos rodean: el sonido de un helicóptero, la envergadura de un árbol, la profundidad de un charco, la hermosura de una manzana verde, la magia de una piedra entre todas las demás. El niño te enseña que no siempre es la meta, sino el camino hacia ella, lo emocionante de verdad. El niño te despierta temprano por la mañana, completamente espabilado, y te muestra lo fantástica que resulta la paulatina llegada del día.

Creo que los niños nos hacen mejores personas, si les dejamos. Si te atreves a sentir curiosidad por tu hijo, si te atreves a ver lo que trae consigo y le abres la puerta, si te atreves a recibirlo, obtendrás mucho a cambio.

Y luego está todo lo demás: métodos para conciliar el sueño y las rutinas diarias, la programación infantil de la televisión, los secretos de familia y los avances explosivos del lenguaje; todas las pequeñas y grandes cosas que ocupan estos primeros veinticuatro meses. De ellas te hablaré en esta segunda parte del libro.

ALIMENTACIÓN Y LACTANCIA

En los primeros tres o cuatro meses, el bebé doblará su peso corporal, y lo hará alimentándose únicamente de leche. O mejor dicho: lo hará con la leche y la *cercanía*. El niño necesita el contacto físico para poder hacerse con el alimento que necesita y para sentirse bien. Por eso es especialmente importante que dejes de lado otras distracciones, que apartes el móvil y apagues el televisor para concentrarte en alimentar al bebé y estar presente.

Ahora mismo, la leche y la cercanía lo son todo.

¿Cómo iniciar la lactancia?

En algunos casos, la leche llega con facilidad; en otros es difícil. Me parece importante resaltar que dar el pecho es una cuestión personal, no importa lo que opinen los demás. Los consejos de la gente pueden funcionar, o no, y a la larga resulta algo cansado verse obligado a tomar postura ante las soluciones que ofrecen los demás.

Parece que, como madre, es la primera tarea en la que has que tener éxito, y es fácil sentirte fracasada si las cosas no resultan como esperabas. Debes encontrar el ritual que funcione para ti, intentar relajarte, entrar en ello a fondo y centrarte. Solo faltaría que no fuera difícil y enrevesado, al menos cuando lo haces por primera vez. Recuerdo una campaña de fomento de la lactancia materna en la que el eslogan era: «Es totalmente natural», o algo parecido. Y sí, claro que es natural, pero no tiene por qué ser fácil. La verdad es que duele, y para muchas mujeres resulta complicado. Si damos a entender que la lactancia es una especie de sencilla cura milagrosa para todas las dificultades de la primera infancia, estaremos equivocando el camino.

La vida está llena de cosas dolorosas que nos exigen dedicarles tiempo y esfuerzo. La lactancia no es fácil, pero es una bonita inversión para tu bebé. Y lo mismo ocurre con suministrar la leche con un biberón. Pero, si consigues amamantar, obtendrás unas cuantas cosas importantes gratis: la alimentación adquirirá un ritmo lento natural, tendrás proximidad y contacto piel con piel, incluso tus hormonas te ayudarán a sentir que es algo bueno. Llega solo. Si das biberones, tendrás que asegurarte de que estos elementos forman parte de la alimentación. El biberón no es una alternativa sencilla. Es fácil meterlo en la boca de un niño, pero la alimentación es mucho más que la comida en sí. Darle al niño todo lo que necesita en un solo momento exige que participes con todo tu ser.

La primera leche que se produce es espesa y especialmente nutritiva, llena de principios que protegen contra posibles infecciones; un muy buen comienzo para el niño. Pero es exclusiva, se produce en

¿El bebé se duerme mientras le das el pecho o hacia el final de la toma de biberón? Es completamente normal. Pronto se dormirá sin estar al pecho. En los primeros meses, lo más importante es la proximidad, el contacto y los nutrientes que la leche proporciona.

pequeñas cantidades. Al tercer día, normalmente ya la has gastado y es sustituida por leche materna normal en cantidades mucho mayores.

Normalmente, lleva tiempo consolidar ese aumento de la cantidad. La consecuencia es que el bebé recibe menos leche de la que necesita durante unos días. Esa es la explicación de por qué es frecuente salir del hospital con un bebé tranquilo, saciado y satisfecho que, en cuanto cruza el umbral de casa, está hambriento, intranquilo e inconsolable.

En el transcurso de unos días llegará la leche normal, pero puede resultar muy doloroso. Cuando te cuesta que el bebé quiera agarrarse al pecho, cuando tus pezones están tan infectados que solo quieres llorar, cuando el niño quiere tomar el pecho todo el rato y cuando no consigues que se duerma si no lo amamantas, debes pensar que a millones de personas les ocurre exactamente lo mismo que a ti.

Entonces está bien que te digan que se pasará, que la leche llegará si te colocas el bebé en el pecho con suficiente frecuencia. Pero, si es la primera vez, te parecerá difícil y desolador que no suba la leche a la vez que eres responsable de un recién nacido que no para de llorar.

¿CÓMO HACER QUE EL BEBÉ SE AGARRE AL PECHO?

1. Siéntate cómodamente. Cuanto más cómoda estés, ya sea sentada o tumbada, más relajada te sentirás, y tu bebé te percibirá como una fuente más fiable de alimento e intimidad.

2. Coloca un buen cojín o una almohada para que el niño llegue a la altura del pecho. Su vientre debe estar pegado a ti y la nariz hacia el pezón. Mamar desde arriba o desde abajo es complicado para el bebé. No puede girar la cabeza, debe estar directamente orientada hacia el pecho.

3. Acaríciale la mejilla, preferentemente con el pezón. Eso desencadenará en él un movimiento reflejo que le hará abrir la boca, y en ese momento debes introducir, lo más rápido posible, el pezón en su boca. Si no empieza a chupar, acaríciale un poco la mejilla.

A algunas mujeres les resulta más sencillo dar el pecho sentadas, otras prefieren tumbarse de lado. Lo mejor es tener contigo a alguien que sepa cómo debe hacerse. Pide ayuda de profesionales de la lactancia en la sanidad o en tu entorno familiar o de amistades.

No es raro que te estreses, pero resiste y siéntete segura, porque se solucionará. Las hormonas que se generan al dar el pecho pasan a la leche, y también contribuyen a que el recién nacido se sienta más tranquilo y sea más paciente, incluso si la leche es algo escasa los primeros días.

Los primeros alimentos

La mayoría de los padres empieza a introducir alimentos en forma de puré cuando los niños tienen entre cuatro y siete meses. Cuando habitúas al niño a los alimentos sólidos, eso es lo único que estás haciendo, acostumbrarlo. Y es lo que realmente importa, no tanto los ingredientes exactos del puré, pues eso dependerá de la cultura de la que procedas o de los hábitos de tu familia. Mientras no sea algo muy poco saludable, puedes darle más o menos lo que quieras. Lo más importante es que empieces a acercar al niño a los sabores de tu familia: dale un poco de lo que comáis vosotros, deja que comience a probar la dieta y los sabores que elegís. Puedes comprar papillas y potitos ya preparados, pero no exclusivamente. Dale tiempo al bebé para que, poco a poco, conozca los nuevos sabores con los que convivirá en los años venideros. Yo me alié con la batidora, mezclaba de todo y echaba un poco de dulce leche materna para que la transición fuera más fácil. La fuente principal de nutrientes seguirá siendo la leche materna o la leche de fórmula, así que no es motivo de preocupación que lleve algo de tiempo.

A mi hijo mayor le parecía divertidísimo sentarse a la mesa y comer con los demás, mientras que el segundo se negaba a abrir la boca si lo

¡HAZ DE TU HIJO UN OPTIMISTA!

«Mírame» es una de las primeras cosas que dice un niño. En todos los países y en todos los idiomas. Poder compartir la alegría y el momento con sus seres más cercanos es vital para él. Cuando logra hacer algo, cuando una situación le provoca mariposas en el estómago, cuando ocurre un suceso inesperado, necesita compartir esa experiencia y los sentimientos intensos que implica. Muchos padres responden con un: «¡Qué bien lo haces!». Pero eso no es lo que el niño busca, el niño quiere que de verdad *lo veas*, que participes. La manera en que compartas las experiencias del niño en esta fase influirá en cómo se verá a sí mismo más adelante. Si le enseñas al niño que es importante hacer las cosas bien, tendrá miedo de que se descubra que no es capaz de hacer las cosas bien. No se atreverá a experimentar con algo que no sepa hacer, mostrará más miedo y buscará mantenerse dentro de la categoría de «buen chico». Los niños que aprenden que de lo que se trata es de mantenerse en esa categoría, no sabrán salir al encuentro de las adversidades tan bien como otros. Mejor deja que el niño escuche que un éxito es probar y fallar. Una y otra vez. Ensayar, intentar algo, es el camino de la felicidad. Cuando haya dado unos pasos hacia ti por primera vez, no le digas: «¡Qué bien lo haces!», sino «¡Vaya! ¿Eso también te sale?». Tal vez no parezca gran cosa, pero ya estarás sembrando algo que influirá en su actitud ante la vida: el pesimista evitará las dificultades; el optimista insistirá, se atreverá y tendrá más éxito.

que había en la cucharilla no era arroz muy hervido o helado. Intenta hacer pruebas para descubrir el enigma que es tu hijo.

Lo más importante para el niño es conocer las texturas, los sabores y los olores, y tener permiso para experimentar.

Las comidas juntos

Un niño de un año come de manera diferente a todos los demás. Come lo que quiere y los modales en la mesa aún no se incluyen en su vida. Es un arte introducir comida en un cuerpo que está lleno de movimientos y alegría.

A la vez, las comidas en común son valiosas. Nos unen como familia y nos proporcionan un espacio en el que podemos encontrarnos diariamente, mirarnos a los ojos; nos dicen algo de quiénes somos. Cuando el niño empieza a comer con nosotros, los mayores, participa en la familia de una manera completamente nueva. Es algo que merece celebrarse, algo bonito, a pesar de que no dure más de quince minutos como máximo cada vez.

Hay una cantidad interminable de cosas por descubrir para alguien que acaba de aprender a moverse. Disfruta de esos minutos en los que estáis reunidos como una *pandilla* alrededor de la mesa. Luego tendréis que dejar que el niño de un año se marche en cuanto haya ingerido una cantidad aceptable de alimento. Al fin y al cabo, hay un mundo entero esperando para ser explorado.

Hay pocas cosas más hermosas en la vida que un niño dormido. Podemos enviar una nave espacial rumbo a lo desconocido, podemos construir palacios y catedrales, hacer presas y mandar submarinos a las profundidades del mar. Podemos armar los rascacielos más altos del mundo y estudiar las esculturas más espectaculares en los museos más antiguos, pero hay pocas cosas que superen el ritmo callado del sueño infantil.

La respiración suave. Las manos entreabiertas sobre la sábana blanca.

No habrá muchos momentos en la vida como este, cuando de repente intuyes la grandeza de algo de lo que tú formas parte.

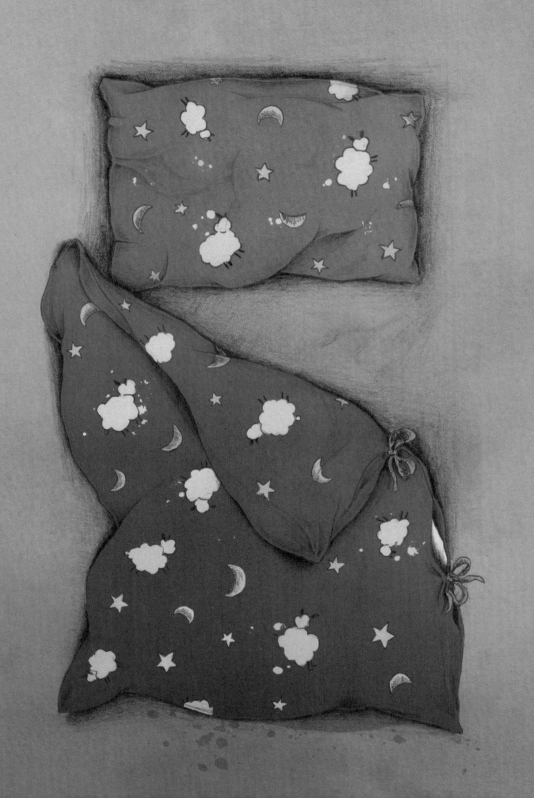

SUEÑO

Durante unos años tuve una cuidadora india para dos de mis hijos. Se llamaba Didi, y era fantástica con ellos. Preparaba deliciosos guisos vegetarianos y organizaba los días como una brisa suave para los cuatro o cinco niños que tenía a su cargo. Estaban a gusto y crecían entre sus manos. Un día la invité a casa, tomamos un té y charlamos. Antes de marcharse, me pidió una cosa: quería ver cómo dormían los niños. Aparté algunos trastos y le mostré las camas de los niños, apretujadas junto a la nuestra en el mismo dormitorio. Ella sonrió satisfecha y asintió. Le pregunté qué era lo que quería saber en realidad. Dijo que, para ella, lo más incomprensible de la cultura escandinava era que los niños durmieran completamente solos desde muy pequeños. La idea de un niño de un año solo en su propio cuarto le daba miedo.

Hay pocas cosas que provoquen sentimientos tan fuertes como el sueño. En ocasiones, hablo con padres que consideran importante trasladar a los niños a una habitación propia en cuanto sea posible.

EL SUEÑO INTRANQUILO DEL BEBÉ ES LA EXPRESIÓN DE UN CEREBRO EN EVOLUCIÓN. ESO NO QUIERE DECIR QUE TU NIÑO SEA DIFÍCIL O NERVIOSO, SINO QUE LAS NEURONAS DE SU CEREBRO ESTÁN BUSCÁNDOSE.

Lo interpretan como una forma de autonomía y les parece un alivio no tener al niño cerca todo el tiempo.

Lo entiendo, y no creo que sea un error pensar así. Nuestra manera de dormir es, sencillamente, una elección, no es algo que solo pueda hacerse de una manera. Lo que me preocupa es que no basta con que tú seas de la opinión de que el niño está listo para dormir en su cuarto si en realidad no lo está. Quizás opines que un niño de un año *tiene* que poder dormir en su propia cama, pero eso no quiere decir que sea así.

Con frecuencia, me encuentro con padres que creen haber dado con clave de cómo deben dormir los bebés. Suelen tener algo en común: solo tienen un niño. Y me he dado cuenta de que guardan un extraño silencio sobre su maravilloso método cuando llega el bebé número dos.

La verdad es que los niños son diferentes. Algunos puede que duerman solos sintiéndose tranquilos y seguros a los pocos meses; otros tal vez necesiten estar muy cerca de ti durante mucho tiempo para poder dormir. El niño es él mismo, puedes tirar tus planes por la ventana y mejor dedicarte a conocer a la personita que tienes entre manos.

Estoy convencida de que cada noche se quedan un montón de habitaciones infantiles vacías en la ciudad en la que vives. Los niños más pequeños necesitan sentirse cerca de sus adultos las veinticuatro horas del día. No se las apañan solos, y necesitan que los escuches y que estés junto a ellos en cuestión de minutos.

Pero, mientras no dejes al niño a su suerte, sois vosotros como familia quienes organizáis el sueño.

El sueño es complicado

Un poeta sueco describe el despertar como un paracaídas que se abre, te ves lanzado de vuelta a este mundo y aterrizas poco a poco cuando impactas en el suelo. Eso querría decir que dormirse es lanzarse, dejarse ir, *caer* en el sueño. Puede ser un reto.

Los padres que se avergüenzan un poco de no ser capaces de conseguir que el niño se duerma como hace *todo el mundo* en su entorno deben saber que es normal que el sueño sea exigente. No pasa nada si no sale del todo bien, y no hay obligación de hacerlo todo siguiendo un manual de instrucciones al pie de la letra mientras os esforcéis en buscar una solución que funcione para toda la familia. Por supuesto que puede resultar agotador a veces, puede que pongas a prueba tu paciencia; pero, cuando te enfrentes a las interminables noches en vela y a los madrugones, a los sueños y a las pesadillas, y a las sábanas mojadas que hay que cambiar, recuerda que ¡tu hijo te necesita!

Es a ti a quien el niño debe llamar cuando se sienta solo en la oscuridad. Debes consolarlo, tener aguante y transmitir calma. Siempre.

El cerebro infantil necesita los sueños

Un bebé recién nacido suele dormir dieciséis horas diarias, mientras que un niño de dos años duerme unas once horas por la noche y quizás hace un descanso adicional a lo largo del día. Los niños pequeños duermen mucho, la razón es fisiológica: se produce un desarrollo tremendo de su cerebro durante los primeros años. Las células tienen que empezar a funcionar juntas, se conectan de maneras diferentes y en nuestra cabeza se suceden un montón de pruebas y fallos. El sueño le proporciona al cerebro una especie de *time out*, calma para ponerse a cero y prepararse para nuevos retos. En realidad, esto también es así para los adultos, y por eso funcionamos tan mal cuando no hemos dormido lo suficiente durante periodos prolongados de tiempo: olvidamos cosas, nos dejamos ir, no somos capaces de concentrarnos. Para los niños pequeños, el sueño es todavía más importante.

Es durante el periodo de los sueños —lo que se llama la fase REM— cuando las neuronas se conectan. Por eso, los niños tienen una fase REM más frecuente que los adultos, son muchas las cosas que necesitan acoplarse en su cerebro. Esta fase del sueño suele ser más ligera, y por eso los niños se despiertan con más frecuencia y más facilidad que nosotros, y por eso debes consolarlos, para que recuperen la calma, duerman y sueñen; para ellos es imprescindible.

Creo que es importante que tengas esto presente cuando el día a día impacte con toda su fuerza: el sueño intranquilo está ahí para asegurarse de que el cerebro se desarrolle con normalidad. Los niños pequeños lo necesitan. En otras palabras: debes estar agradecido a ese dormir plagado de sueños, por muy cansado que resulte para ti.

¿Y hay una explicación natural para el hecho de que los niños pequeños se despierten tan temprano? Cuando los niños se levantan con sus adultos más cercanos, tienen ese valioso tiempo a solas que necesitan para sentirse seguros. Los pequeños necesitan tenerte en exclusiva y, en cierto modo, ellos mismos se aseguran de lograrlo a primera hora de la mañana.

Algunos trucos

¿Qué puedes hacer para que el niño duerma lo mejor posible? Creo que deberías empezar por rebajar tus propias expectativas. Durante los primeros meses, hay que dar de comer muchas veces, debe haber muchos cuidados y cercanía también de noche. Luego, de forma gradual, el niño comenzará a dormir más tiempo seguido. Durante los meses y los años siguientes, el sueño familiar se basará en encontrar un equilibrio que se adapte a vuestras necesidades.

1. Dormid en la misma habitación durante los primeros meses

El niño llega al mundo lleno de inseguridades, y la realidad que le espera le resulta totalmente desconocida. Tu hijo te necesita, necesita tu olor y el calor de tu piel, la voz suave y el latido de tu corazón. Al principio debéis dormir juntos, es bueno para los pequeños y para los mayores.

2. Crea rutinas

Las personas somos seres rutinarios, nos gusta lo conocido y lo seguro. Las rutinas dan seguridad. Si es posible, poco a poco deberías intentar acostar al niño más o menos a la misma hora cada noche. Así también evitarás que esté demasiado cansado y desesperado. Estate pendiente y aprende a detectar cuándo necesita acostarse. Puedes tener canciones fijas, rituales establecidos que incluyan ponerse el pijama, leer o darse un baño. No importa el qué exactamente; pero, si das con algo que funcione y puedas llevar a cabo, tendrás una manera eficaz de dar a entender al niño que se aproxima la hora de dormir.

3. Distingue el día de la noche

Con el tiempo, el niño dará con su ritmo diurno y nocturno. Ese proceso te ayudará si construyes la experiencia de qué es qué. Cuando el niño duerma de día, no hace falta que esté completamente a oscuras y en silencio. Puede irse acostumbrando a que el día es diferente, más luminoso y más ruidoso. Por la noche, puedes utilizar un tono de voz suave si el bebé se despierta; puedes encender una luz tenue, en lugar de la lámpara del techo; y puedes procurar hacer el menor ruido posible al darle de comer o cambiarlo de pañal. Sin prisa, pero sin pausa, el niño aprenderá a través de ti cuándo estamos despiertos y cuándo estamos dormidos.

4. Los viejos trucos

En cada momento, y en cada rincón del planeta, hay un niño al que están meciendo para que se duerma y un padre reproduciendo suaves

Un recién nacido no tiene ningún ritmo temporal adquirido. Duerme cuando lo necesita, ya sea de día o de noche. A partir de los tres o cuatro meses es cuando empieza a adquirir un ritmo diario, pero no se consolidará hasta los cuatro años. Por fortuna, el sueño del niño se va estabilizando paulatinamente, con periodos de tiempo más largos entre cada desvelo; pero los primeros años de los niños te ponen a prueba, porque suelen dormir poco tiempo seguido y van a la búsqueda de un ritmo.

sonidos («shhh») para conseguirlo. Así ha sido siempre. A los niños les gusta ese soplido, y lo hacemos para tranquilizarlos, para mostrar que estamos presentes, que ahora vamos a quedarnos en silencio. Después de nueve meses en la barriga, también nos gusta ese movimiento parecido al de las olas que hacen los brazos al mecernos, o el leve movimiento de la sillita del coche. Nos gusta todo lo que nos da a entender que hay alguien cerca, nos gusta sentirnos parte del grupo, también cuando acabamos de llegar. Por eso nos suele gustar que nos acaricien la espalda o el cabello, nos gusta escuchar la respiración de las personas a las que queremos, nos gusta el calor de su cuerpo, todo lo que nos dice: «No estás solo».

Una buena nana contiene muchos sonidos /sh/ interdentales. Prolóngalos, utilízalos activamente.

5. Ten las cuestiones prácticas a punto

Si dormís juntos, en familia, asegúrate de que la cama sea lo bastante grande. El sueño es un proyecto colectivo. Crea un lugar seguro y agradable para dormir, donde el niño no pueda caerse o hacerse daño. Ocúpate de que las cosas más básicas estén bajo control (como que el niño no duerma boca abajo). Valora si puede llegar a hacer mucho calor, los pequeños regulan mal la temperatura y dependen por completo de tu ayuda. Si el niño duerme en una habitación propia, ten un colchón cerca para que un adulto pueda tumbarse allí si hace falta.

6. No te desesperes

Es bastante probable que te acabes desesperando por cuestiones relativas al sueño o a la hora de irse a dormir. Es complicado aprender a dormir, lleva tiempo. En todo el mundo, en todas las familias, es completamente normal que los niños no duerman toda la noche. La naturaleza no predispone para tener a punto el ritmo diario hasta los cuatro años. Tendrás que pasar muchas noches, muchas fases, y estarás condenado a tener éxito y también a fracasar. Hazlo lo mejor que puedas y, si tienes pareja, haced turnos y ayudaros a soportarlo. Crear la calma y la confianza necesarias para que tu hijo duerma más o menos bien cuando sea más mayor es un proyecto a largo plazo.

¿Qué pasa con mi sueño?

He hablado con parejas que casi se han hundido discutiendo sobre a quién le toca dormir. Algunos llegan a un punto en el que los dos necesitan dormir tan desesperadamente que se hace imposible ser

LOS NIÑOS PEQUEÑOS SE ACUESTAN Y SE LEVANTAN PRONTO. DEBES INTENTAR TRABAJAR A FAVOR DE ESTE RITMO, NO EN CONTRA.

generoso con el otro. Si estás solo con un bebé, ni siquiera tienes con quién pelearte, has de salir adelante por ti mismo, normalmente con breves intervalos de sueño y muchas exigencias cuando estás despierto. Pero, como padre, no hay nada que se pueda llamar «*mi* sueño». Todo es *nuestro* sueño.

Con frecuencia, les recuerdo a los padres de niños pequeños que los dos primeros años son un estado de excepción para una familia, que las cosas mejorarán. El sueño se convierte, en muchos sentidos, en la señal de que vivís juntos, de que sois una unidad en la que dependéis los unos de los otros, y necesitáis hablar los unos con los otros para comprender, participar y seguir juntos.

Antes me encontraba, en la terapia de pareja, con hombres que opinaban que era fácil «solo estar en casa con el niño», pero parece que la prolongada baja para el padre en este país ha puesto freno a esa manera de pensar. A la vez, es fácil para el que está en casa subestimar lo duro que es trabajar a jornada completa cuando te despiertas varias veces todas las noches porque sigues el ritmo de sueño de un recién nacido.

> Podemos hacer cosas para favorecer que el sueño sea lo mejor posible, pero no hay un método que funcione para todos los niños.

La clave para todas estas parejas que vienen a verme es que elijan verse el uno al otro, hablar y sobre todo olvidar la idea de «su sueño». La alternativa es compartir este proyecto, convertirlo en algo «nuestro» en los años de la infancia.

El peligro de los métodos

El año pasado di una charla en el extremo norte de Noruega. El sueño es un tema que surge con frecuencia cuando hablo con los padres de niños pequeños, y una de las primeras en levantar la mano en el pequeño grupo de asistentes fue una mujer joven y dulce. Era madre de un niño de siete meses que había nacido de manera prematura y tenía grandes dificultades para dormir un rato seguido. En el centro de salud, insistían en que empleara una de esas curas de llanto, un método por el que los niños lloran sin que los padres los atiendan. Así, el niño aprende que el llanto no surte efecto. La joven le había explicado a la enfermera que el niño vomitaba con facilidad y que eso le preocupaba, pero le dijeron que lo limpiara y luego continuara con el método.

Le dije que eso era un error. Sin más. Nunca debes dejar que tu hijo llore hasta vomitar sin cogerlo. No es bueno para el bebé y no es bueno para ti.

Con el tiempo, al bebé se le diagnosticó desarrollo retardado del esófago. Como muchos de los niños prematuros, se enfrentaba a algunos retos adicionales, y eso afectaba al sueño durante los primeros meses.

Lo que asusta de los métodos que se aplican de manera obligatoria es lo siguiente: algunos niños encuentran la calma con mucha facilidad, se deslizan hacia ella, sin más, mientras que otros dependen del contacto o son más inquietos. Pero luego están los niños que son más intranquilos porque hay algo en ellos que aún no ha sido descubierto. Los métodos que se venden como «lo único que funciona» pueden llevarte a hacer cosas que resulten perjudiciales para el niño.

Puedes poner a prueba distintos métodos y consejos, pero hazlo empleando el sentido común. No puedes dejar de lado tu propio criterio y apoyarte por completo en algo que has leído en un libro u oído decir a otros. Así irás mal encaminado, estarás apartándote de tu responsabilidad como padre. Es totalmente cierto que los métodos pueden ayudarte en algunos aspectos, y los niños necesitan rutinas en las que puedan apoyarse un poco, pero el método nunca debe dejar en la sombra la relación que hay entre tu hijo y tú.

Si algo sabemos con seguridad es que no existe ningún método que funcione con todos los niños. Al contrario, no hay ningún método científico para dormir a los niños. Que algo funcione para los niños del vecino en realidad no quiere decir nada. No es fácil saber qué consigue que algunos niños se dejen llevar con más facilidad y se deslicen hacia el sueño. Tu hijo necesita que las cosas se hagan a su medida, y tú, como padre, debes asumir la responsabilidad de que él, con el tiempo, encuentre la calma y el sueño de una forma que resulte adecuada para todos. Yo dejaba que el bebé se durmiera al pecho, a pesar de que me lo desaconsejaban; pero para nosotros eso fue lo que funcionó durante el primer año.

Y al final todos duermen, sea cual sea el método que hayas empleado.

Una buena señal

Los cambios se manifiestan, sobre todo, a través del sueño, que también es lo último que suele volver a la rutina. Por supuesto que dormir mal puede ser señal de que hay un catarro en camino, pero también puede querer decir que mañana tu hijo va a soltar esa mesa a la que suele agarrarse y dar sus primeros pasos. Esa es la razón por la que los niños pueden dormir bien durante un periodo de tiempo y, de repente, volver a una situación que parece totalmente caótica.

Seguramente tú también lo habrás sentido: si vas a empezar en un nuevo trabajo, si tienes mal de amores o un examen muy importante al día siguiente, no duermes tan bien como de costumbre.

Los dos primeros años de vida están sembrados de hitos por los que el niño debe pasar. No olvides que, si está inquieto a la hora de dormirse, puede que esté a punto de subir un peldaño de su particular escala. Lo que te resulta cansado también podría ser un indicio de que se aproxima algo bueno.

El alcohol deteriora la calidad del sueño. Si bebes alcohol, tendrás el sueño menos profundo y te despertarás con más facilidad. Esto mismo es aplicable a los bebés que toman el pecho. Si la madre ha bebido dos copas de vino, la calidad del sueño del bebé también disminuye. Si el sueño es un problema, inténtalo sin alcohol y comprueba que eso ayuda.

Se soluciona

Tengo un amigo al que me encuentro de vez en cuando, uno de esos que siempre parece tener tiempo y a quien le gusta contarme cómo le va a su hijo. El primer año de vida del niño redujo su jornada laboral y aportó todo lo que pudo en cuestiones de alimentación y otros cuidados.

El niño era una gozada durante el día, pero se ponía imposible cuando llegaba la hora de acostarse. Solo le valía la presencia de su madre, y si el padre estaba solo en casa, gritaba presa del pánico dando golpes y patadas. Mi amigo acabó bastante desesperado por la situación. «Cada vez que lo voy a acostar, me siento un padre pésimo», dijo, y le comprendía muy bien. Todos los padres sienten que no dan la talla alguna vez, forma parte de su tarea. Le pedí que intentara pensar en lo que estaba pasando de manera completamente contraria: esto no es una cuestión de rechazo, sino de hábitos y confianza. Le dije que, cada vez que se veía en una situación exigente, cada vez que sujetaba entre sus brazos a un niño desesperado, permanecía allí y aguantaba la situación, le estaba trasladando sus conocimientos. De esa forma, el niño aprende, poco a poco, que al final todo sale bien. El niño ve que el padre está allí pase lo que pase, que no lo abandona, que puede afrontar hasta sus sentimientos más intensos. No hay mejor aprendizaje.

No hace mucho volví a encontrármelo y nos detuvimos a charlar como solemos hacer. «No te lo vas a creer», dijo, y me contó que, desde la última vez, el niño había dormido a ratos. Tenía casi dos años, tardaba dos horas en acostarse por la noche y, en cualquier caso, solía acabar en la cama de sus padres. Por otro lado, cada vez manejaba más vocabulario: podían hablar de lo que pasaba, cada día adquiría nuevas palabras y frases. «Y entonces, una noche, mientras mi mujer y yo nos mirábamos para ver quién tenía fuerzas para irse con él a su habitación, le pregunté: "¿Quieres irte a dormir?" y él sencillamente levantó la vista, dijo "sí" y se fue a su habitación solo, se metió en la cama y se durmió al cabo de diez minutos. ¿Lo puedes creer? ¡Es un milagro!», dijo mi amigo con ojos como platos.

No le conté que esas cosas son bastante frecuentes. Cuando el niño esté listo, dará nuevos pasos con toda naturalidad. Como padres, podemos estar aplastados por las rutinas adquiridas en la vida diaria y retos que nos dejan exhaustos. Podemos olvidar que el niño está en permanente desarrollo, que lo que parece insuperable durante una fase pronto desaparecerá para ser sustituido por algo igualmente exigente, pero que también desaparecerá un día. Cuando vi esa alegría en la mirada de mi amigo, pensé que los milagros de la vida cotidiana son, sin duda, los mejores, así que me limité a asentir y le dije: «¡Formidable!».

Ese pequeño instante

Todavía ocurre a veces que me quedo con uno de mis hijos cuando se va a dormir. Recuerdo bien cómo era todo cuando eran pequeños. Lo emocionante que resulta ese instante en el que todo se vuelve pesado, cuando se ven arrastrados al sueño y se dejan llevar. Creo que debes guardar estos pequeños y hermosos instantes en tu corazón, sentir el lazo que os une, llevar contigo esos recuerdos cálidos y brillantes. Pase lo que pase en el futuro.

¡LEE PARA VIVIR!

Léele a tu hijo. Es un consejo sencillo y uno de los mejores. Léele al niño, aunque tú no seas lector, aunque no te guste el sonido de tu propia voz, aunque nadie te leyera a ti cuando eras pequeño. Haz lo que puedas para que tu pequeño crezca en un mundo de historias y colores en el que surgen palabras nuevas y extrañas por cuyo significado se pueda preguntar. Predispón las cosas para que tu hijo pueda moverse por el mundo de los libros durante toda su infancia; con el tiempo se reconocerá en las historias, serán un lugar al que podrá acudir para encontrar consuelo y certezas. Cuando tu pequeño sea un entusiasta niño de diez años que desea a la vez libertad y seguridad, los libros serán mágicos, espacios de libertad al modo de Peter Pan donde el control de los adultos quede en suspenso. Cuando sea adolescente, los libros podrán ayudarle a expresar con palabras los sentimientos que se abren paso, los corazones rotos, los amigos que decepcionan y la vida adulta que de repente le sale al paso. Los libros les contarán a los niños que otros han pasado exactamente por las mismas vivencias que ellos, que los malos momentos son pasajeros. Los libros les harán sentir que pertenecen a este mundo frágil en el que han nacido, que son parte de algo más grande, pero también que poseen algo que es solo suyo, una especie de cueva escondida para la fantasía. En definitiva: los libros son amigos de un valor incalculable que deberías ofrecer a tus hijos durante toda su infancia.

Y ahora, cuando todavía es un niño pequeño, la lectura es algo más que palabras. Es un rato en el que los adultos y los pequeños observan las mismas cosas, piensan en lo mismo, experimentan lo mismo juntos. En esta fase no importa que no leas la historia completa o que no entienda todas las palabras. Lo que importa es el instante, que estáis juntos aquí y ahora en la lectura.

Y cuando tu niño se canse, es hora de dejarlo. Lo principal es la atención que preste el niño. Con el tiempo, cuando se acerque a los dos años, entenderá cada vez más sobre los libros que hojeéis, las palabras se deslizarán hacia la superficie y se convertirán en frases, las historias tomarán más forma y los ratos de lectura se irán transformando poco a poco. Un día el niño se sentará a leer solo, pero, hasta que llegue ese momento, deberás leerle tú, estar cerca, estar presente mientras os zambullís en estos otros universos.

EL LENGUAJE

Pienso en el lenguaje como en una especie de segundo nacimiento, como el segundo gran milagro; es como descubrir al niño una vez más. Las palabras que de repente toman forma, que de repente salen rodando como pelotas de goma y enseguida colorean el mundo que os rodea. Ver cómo un niño adquiere el lenguaje es hermoso y emocionante, y lo cambia todo: es el lenguaje el que crea imágenes, expectativas y fantasías en nosotros. El lenguaje es el gran puente entre lo que ocurre en tu interior y el mundo exterior, el lenguaje une lo que vives aquí y ahora con todo lo que ya ha ocurrido y todo lo que está por venir. Y el lenguaje te acerca todavía más a los que te rodean, abre la puerta a todo lo que los seres humanos compartimos.

El lenguaje llega a al niño antes de que sea capaz de utilizarlo. Necesita pensar mucho y trabajar duro para formar las palabras y exteriorizarlas de forma correcta. Desde que el bebé tenga seis meses, hará la conexión entre lo que se dice y lo que significa. Cuando cumpla aproximadamente un año, tendrá preparadas un montón de palabras esperando a que las dejen salir. Poco a poco, cuando la presa se rompa, las palabras brotarán. Hacia los dos años, el vocabulario se incrementará de manera rápida. Cada día que pase, cada semana, el niño aprenderá algo nuevo que, a su vez, logrará que pueda esperar más, pensar más y soñar más.

Mi hijo mayor, como tantos niños de un año, adoraba sus zapatos. Los zapatos son la llave para salir al mundo, porque con zapatos caminas con mayor estabilidad y puedes ir allí donde están los coches, los perros y los pájaros. Era bastante lógico que su primera palabra fuera «zapato». Cada vez que le entraban ganas de explorar, levantaba la vista hacia mí, cargado de esperanza, y decía: «¡Zapatos!». Pero ahí se paró. Dijo algunas palabras nuevas, incluso bastante difíciles, pero no especialmente importantes. Dijo «camión» antes que «coche», pero no eran muchas palabras nuevas las que decía a la semana. Hasta que medio año más tarde fuimos a IKEA a comprar, y le habíamos dejado sostener un peluche mientras iba sentado en el carrito. Después de estar un buen rato con el peluche suavecito entre las manos, me miró a los ojos y dijo: «Suave y bueno, como gatito». Estaba muy orgulloso, había trabajado duro para transmitirme ese mensaje. Y yo estuve a punto de caerme redonda al suelo. ¡De repente hablaba!

Cuando el niño empieza a agrupar las palabras de dos en dos, algo que ocurre hacia los dieciocho meses, la lengua explosiona. De repente son muchas las cosas que puede expresar. No lo oyes todo, no siempre es un flujo continuo, pero de repente resulta que está allí, después de

> Cuando el niño escucha el lenguaje que se utiliza en la familia, la charla, la lectura, el juego con palabras y canciones, el niño lo interioriza. No hace falta una «escuela del lenguaje» para un niño de un año, solo una familia activa, viva y charlatana.

todo. Es una etapa estupenda la de sentir que te comunicas con tu hijo también a través de las palabras; te parece todavía más humano.

Algunos niños empiezan a hablar más tarde que otros, y tienen a sus padres sin aliento mientras esperan que lleguen las palabras y las frases. Estuve en casa de la madre de un niño de tres años que no hablaba, y tanto ella como su pediatra estaban preocupados. Cuando fui a visitarla al piso donde vivían madre e hijo, enseguida vi lo cálida que era ella, lo rápido que entendía a su niño y lo poco que hablaban entre ellos. Él no necesitaba pedirle nada, ella sabía lo que quería mucho antes de que lo dijera. Y para ella no resultaba natural hablarle a alguien que nunca respondía, así que tampoco le decía gran cosa. El niño no iba a la guardería, por lo que pasaba poco tiempo con otros niños y estaba siempre con su madre.

Fue tarea sencilla activar su lenguaje: en cuanto la madre empezó a preguntarle cosas y a dejarle tiempo para contestar, en cuanto pasaron juntos las páginas de los cuentos y pusieron nombre a las cosas que veían, el lenguaje llegó corriendo. En poco tiempo estuvo al nivel de los niños de su edad.

Tomar al niño en serio

Yo nací muy bizca. Creo que mis padres pensaban que era algo muy triste, porque intentaron corregir este fallo mío de todas las maneras posibles. Desde muy pequeña llevé un parche en el ojo, y fui a los oftalmólogos de la ciudad incontables veces. Muy pronto comprendí que había algo mal en mí. Fui mercancía dañada desde el primer instante. Y yo no quería serlo, así que cada vez que íbamos al oftalmólogo hacía trampa en las pruebas de agudeza visual. En aquel tiempo no eran test muy sofisticados, y se desarrollé una gran habilidad para intuir qué era lo que los adultos querían que

¡REÍD JUNTOS!

El camino más rápido al corazón de un niño pasa por la risa. Si os reís juntos, hasta los niños más pequeños sentirán que estáis unidos, que compartís instantes. Después del momento maravilloso en que el niño ríe por primera vez, entre la semana ocho y la doce, has de empezar a conocer el sentido del humor de tu hijo, las pequeñas cosas que le hacen reír. ¿Un adulto que ladra? ¿Una muñeca que desaparece y de pronto vuelve a estar allí? ¿Una mueca extraña? Encuentra lo que le haga gracia y reíd juntos.

Lo que ocurre en ese momento en realidad es un poco mágico: el pequeño siente que compartís algo, que estáis unidos.

CUANDO EL NIÑO TIENE ONCE MESES, PUEDE COMPRENDER UNAS CINCUENTA PALABRAS, AUNQUE TODAVÍA NO HAYA PRONUNCIADO NINGUNA. MUCHOS DIRÁN SU PRIMERA PALABRA EN TORNO AL AÑO, OTROS ANTES Y ALGUNOS MÁS TARDE.

respondiera. Era un examen, un *examen de la vista*, y yo quería aprobar. Veía casas, un perro, una flor y lo que fuera. Aprendí a hacer trampas, todos creían que veía perfectamente.

Ninguno de los médicos intentó establecer contacto conmigo, nadie se sentó a mi lado y me explicó qué iban a hacer, nadie lo transformó en un juego o en algo que no diera tanto miedo. Pasado el tiempo, casi resulta cómico: todo lo que yo quería era no estar defectuosa.

Es fácil que los niños se preocupen por cosas equivocadas si no eres muy claro. Es importante transmitir los mensajes en un lenguaje que puedan comprender. Leí un libro sobre la leyenda de la televisión infantil británica Fred Rogers, que ya en los años setenta estaba extremadamente preocupado por cómo hablar a los niños. Asombraba a quienes trabajaban con él repasando sus frases una y otra vez para que resultaran adecuadas para los más pequeños: nada debía ser ambiguo, todo debía ser claro y sencillo, verdadero y positivo.

Una vez interrumpió la grabación del programa porque uno de los actores le dijo a una muñeca: «No debes llorar». Rogers estaba firmemente decidido a no decirle nunca a un niño que no debía llorar. Se tomaba el lenguaje y la vida interior de los niños muy en serio, y se preocupaba por salir a su encuentro en el punto exacto en el que estaban. No siempre es lo más sencillo, pero no hay duda de que es lo mejor para el niño.

Piensa en ello la próxima vez que tu niño grite «¡Más!» para que hagas algo una vez más. Los niños son distintos a nosotros, les encantan las repeticiones. Para ellos es estupendo hacer lo mismo quince veces seguidas. Lo necesitan. Y les chifla que los acompañes y desciendas a su campo de atención.

Dos lenguas

Muchos niños crecen con dos lenguas, y es un regalo maravilloso dominar ambas sin esfuerzo y al mismo nivel. Si las diferentes lenguas se emplean con la misma frecuencia desde el principio, el niño las hablará sin tener que dedicarle un esfuerzo adicional. Para que tengáis

LAS PALABRAS LLEGAN RODANDO. DESDE QUE EL NIÑO TIENE UN AÑO Y MEDIO, Y HASTA LOS SEIS, APRENDE UNAS NUEVE PALABRAS NUEVAS CADA DÍA.

> El diálogo es la mejor vía para llegar al lenguaje. Al principio, el niño no responde con palabras, sino con una sonrisa, sonidos o lenguaje corporal. Deja lugar para esas conversaciones desde la primera sonrisa, deja lugar a que el niño responda. Es el mejor semillero para el lenguaje, crece entre personas.

éxito con esta clase de bilingüismo, debéis hablarle, leerle, jugar y consolar en ambas lenguas. El auténtico bilingüismo exige mucho a los padres.

Si el niño aprende primero una lengua y luego otra, la situación cambia. El niño podrá aprender la segunda lengua si tiene los estímulos necesarios, pero el mecanismo será diferente. Tendrá una lengua para sus sueños y sus pensamientos y la posibilidad de hablar bien una segunda. Esto quiere decir que cambiar de una lengua a otra ya se convertirá en un acto consciente y le exigirá más en el día a día.

Ninguna lengua o idioma es gratis. Ser bilingüe exige siempre un doble esfuerzo, ya sea por parte del adulto o del niño. Pero, si la familia dispone de los recursos necesarios o si es imprescindible, es un extra estupendo para la vida del niño. Saber varios idiomas abre aún más puertas.

SOBREVALORAR
ES MARAVILLOSO

El niño se arrastra, gatea, se agarra a lo que encuentre para ponerse de pie, camina, corre. Y con el tiempo verás que tu hijo tiene un fantástico «error de fabricación» que viene de serie. Los niños que se aproximan a los dos años siempre sobreestiman sus capacidades. Creen que pueden saltar, aunque sus pies nunca se separen del suelo, están seguros de poder hacer equilibrios sobre poyetes, correr cuesta abajo o estirarse para coger algo que nunca alcanzarán. Cuando el niño se aproxime a los cuatro años de edad, podrá caminar y correr como un adulto, saltará obstáculos y subirá escaleras con facilidad, sin agarrarse. Hasta ese momento, sus actividades, en parte, serán

deportes de riesgo, pero su optimismo será sencillamente fantástico, y existe por una razón. Es el que les hace probar cosas de las que de otro modo desistirían, es el potente y necesario combustible de su desarrollo. Los niños necesitan arriesgarse demasiado. Desgraciadamente, esto también les expone a sufrir accidentes. Nunca olvidaré la imagen de mi hijo mayor. Acababa de aprender a correr adelantando el cuerpo y acelerando con un sentido del equilibrio más que dudoso. Yo no tenía ninguna posibilidad de alcanzarlo y al final tuve que sacarlo, empapado, de una fuente de Oslo. En aquella ocasión tuve suerte, porque vi lo que estaba pasando, pero fue un buen recordatorio de

que los niños de esa edad exigen una vigilancia constante.

Quieren ir más lejos, probar cosas nuevas, y se intoxicarán del placer que les provoca el que les salgan bien esas cosas. Y hay que dejarles. Necesitan sentir ese placer, les viene bien sentir que «Soy capaz de cualquier cosa».

Pero siempre será tarea vuestra, como padres, apartarles de los mayores peligros y entender que no son capaces de valorar el riesgo por sí solos.

FAMILIA

Cada niño que tenéis os transforma. Agranda los corazones, cambia los días y los planes, hace que la familia sea un poco diferente. Algunos encuentran su sitio sin más, otros suponen un reto que no habíais imaginado. Todo influye: cuántos hijos tengáis, cómo os hayan llegado y cómo lleven los hermanos mayores esta nueva vida.

Nosotros es la palabra más hermosa que conozco. Ser una familia es ser *nosotros*.

Secretos de familia

Todas las familias tienen sus secretos. En algunas son grandes, en otras pequeños. Sé de una familia de un pequeño lugar, en lo más profundo de un valle, que esconde un secreto: su hija no ha nacido por el método convencional, fue traída al mundo por una mujer en la India. Para los padres fue duro no poder solucionar sus dificultades para tener hijos de modo natural. Después, la maternidad subrogada ha sido prohibida en la India, y por eso prefieren que nadie más lo sepa. Pero ¿debería saberlo la niña?

Cuando trato con adultos que hablan de sus secretos más difíciles, muchos de ellos se apresuran a precisar: «Los niños no tienen ni idea, ¿eh?». Pero, en las dos décadas que llevo en esta consulta, nunca me he encontrado con un niño ignorante del todo. Puede que hayan comprendido lo que se les dijo, incluso puede que lo hayan malinterpretado, pero los niños son como antenas, y suelen intuir que algo no es como queremos sugerirles. Además, a los niños les pasa exactamente lo mismo que a nosotros, los adultos: no les gusta que los engañen, especialmente si lo hacen sus personas más queridas.

Llega un momento en el que todos necesitan conocer su procedencia: cuál es su historia, su genética. Cuanto antes pase a formar parte de la historia familiar, más fácil será gestionarlo. Si hay demasiadas cosas sobre las que una familia no puede hablar, los niños se sentirán privados de libertad. Los secretos familiares sobre temas importantes crean inseguridad. A su vez, los niños necesitan protección, no pueden formar parte de las dudas y los problemas de sus padres. Necesitan padres que tomen la iniciativa y les cuenten cosas que puedan entender, con las que puedan relacionarse y con las que puedan vivir. Por ello, mi consejo es darle al niño pequeñas dosis de verdad desde el primer día, pero siempre dejando lugar para las reacciones, los pensamientos y las preguntas.

«Así nací yo» es una historia algo diferente cuando otra mujer te ha gestado, pero sigue siendo una bonita historia. Tener presente la verdad es una condición indispensable para estar en contacto con uno mismo.

¿Pueden los hermanos mayores cuidar de un nuevo bebé? La respuesta es no. Un niño de menos de dos años es demasiado frágil, es una compañía demasiado impredecible y frustrante. Para que un hermano mayor cuide de un bebé, debe tener más de doce años. Incluso en ese caso solo debe hacerse a ratos cortos. La capacidad de los niños y los jóvenes para afrontar la frustración y la responsabilidad es demasiado endeble. Además, para un niño de tres años puede resultar tentador pegar al intruso si se presenta la ocasión.

Celos entre hermanos

Para los hermanos mayores, un nuevo niño siempre será una amenaza. Puede resultar útil prepararlos, pero con cuidado. No hace falta que hables del bebé todo el rato, pero podéis tocar la tripa juntos, leer un libro sobre el hecho de tener un hermano, disfrutar de la idea de que vuestra familia pronto será más grande.

Para un niño de menos de cuatro años de edad, es difícil imaginar algo tan poco concreto como un bebé que vendrá. Sus fantasías serán, necesariamente, diferentes a la realidad. El niño se verá sorprendido por la presencia de nuevos hermanos pequeños. Lo único que puedes hacer es proporcionarle el lenguaje para que resulte más sencillo dar con las palabras adecuadas cuando ocurra.

Un nuevo bebé no es una amenaza para el niño de más edad al principio. Nunca olvidaré la cara de mi hijo mayor cuando salí del hospital y volví a casa con uno de sus hermanos. Me miró con los ojos como platos: «¿Eso es todo? ¡Pero si no sabe hacer nada!». Fue un punto a su favor que el pequeño eructara, pero por lo demás resultó una gran decepción.

El reto que se presenta durante las primeras semanas es darles a los hermanos mayores tiempo suficiente. Es buena idea dejar que sigan con sus rutinas habituales: ir a la guardería, quedarse solo con los abuelos, lo que sea vuestra costumbre. Recurre a los trayectos como tiempo a solas, para hablar y sentiros cercanos.

La verdadera competencia entre hermanos no surge hasta que el menor es lo bastante mayor como para ocupar un lugar, exigirlo; es decir, desde los dos años en adelante. Durante los primeros veinticuatro meses, tu tarea es mostrar los aspectos positivos de ser una familia más grande, esto que somos *nosotros*. Los niños adoran ser un grupo, y esa puede ser la principal razón por la que los hermanos aportan alegría y felicidad a las familias.

¿Dos, tres, cuatro?

Los partos gemelares son infrecuentes. Para el 1,5 por ciento que recibe a dos bebés en lugar de uno, la vida diaria es bastante diferente. El parto es distinto, y con frecuencia más complicado, el embarazo más pesado, y la idea de volver a casa con dos o incluso tres bebés puede desbordarte.

A pesar de ello, a la mayoría de los padres de mellizos con los que he hablado les va bien. Aprenden a manejarse en la vida diaria y aprecian sus dos milagros, aunque resulte duro.

No solo tienen un par de *mellizos*, también tienen *dos códigos que interpretar*. Esto lo hace mucho más cansado, y parecerá que la tarea es más del doble. Los primeros años son una cuesta empinada para los que tienen gemelos, pero la recompensa también será grande: cuando los niños cumplan tres o cuatro años, los días que paséis en casa se transformarán: los niños siempre tendrán buena compañía para jugar, nunca se sentirán solos en la unidad familiar.

Suelo aconsejar a los padres que esperan gemelos que se pongan en contacto con otros que hayan pasado por la misma experiencia. Los buenos consejos para temas tan dispares como la lactancia o la elección del coche valen su peso en oro. La ayuda práctica de terceros no solo es el doble de importante, sino que puede resultar decisiva. Las madres de gemelos están más expuestas a padecer depresión posparto que otras, por lo que es importante buscar apoyo práctico y buenas soluciones. Y recordad que, en unos años, seréis «como las otras familias», pero con algo más de camino recorrido.

El ansiado hijo en común

Ahora muchas familias tienen una historia un poco más larga. Puede que uno, o los dos, tengan hijos de una relación anterior. En esos casos, tener un hijo en común puede ser motivo de gran felicidad, lo que os convierta en una familia; pero también supone un gran reto para vuestro equilibrio.

Hace un tiempo que tengo un estupendo chaval de catorce años en la consulta. Pasó de ser un chico tranquilo y atento en el colegio a entrar en conflicto con niños y mayores. «Serán las salidas de tiesto habituales en la adolescencia», pensaron sus profesores, pero el chico cada vez era más violento. Acabó en una situación que nadie hubiera imaginado. La razón era bastante simple, aunque él todavía no fuera capaz de expresarlo con palabras: a lo largo del año anterior, tanto su madre como su padre habían tenido un hijo con sus nuevas parejas. Él, que siempre había sido hijo único y el foco de muchas atenciones, sentía que sobraba. Él, que era el más importante, ahora no le importaba a nadie. También sentía que las nuevas parejas, que le gustaban y con las que se llevaba bien, ahora preferían a su propio hijo antes que a él. Estos son pensamientos grandes y pesados para un chico joven.

Por ello, recuerda siempre, también en la alegría de tener un nuevo hijo en común, que debéis seguir pendientes de los hijos mayores. Ocupaos de que sigan disfrutando de tiempo a solas con su padre o su madre, y que la nueva pareja no olvide a este hijo. El equilibrio es la clave para evitar que un niño se sienta excluido.

VIAJAR CON NIÑOS

Si tienes tiempo y dinero para viajar con el pequeño, puede ser estupendo para todos, pero no serán unas vacaciones como las que recuerdas antes de tener al niño. Durante los primeros siete meses, el bebé lleva bien los cambios de lugar y muestra pocas reacciones, siempre que tenga la seguridad de estar acompañado de sus padres. Pero, a partir de esa edad, reaccionará más ante los cambios: lugares nuevos, nuevos sonidos y olores, y gente nueva. Suele llevar algo más de tiempo dar con el ritmo y la tranquilidad en un lugar nuevo. Por ello, una regla básica cuando viajas con el niño es no moverse demasiado de lugar. Un mínimo de tres noches en cada sitio le proporcionará al bebé la posibilidad de saber qué está pasando y conseguir un punto de referencia antes de que volváis a trasladaros.

• Ten presente las vacunas antes de partir. Es muy arriesgado viajar con los niños sin vacunar. Así que, antes de que tengan todas las vacunas, hablad con el centro de salud o el pediatra para valorar los riesgos. No es especialmente agradable verse en el extranjero con un bebé que tiene tosferina o sarampión. Comprueba también dónde están el consultorio médico y el servicio de urgencias más cercanos al lugar donde viajéis. Ten anotados los números de teléfono para que no haya que buscarlos en un momento de estrés. Así podrás relajarte y disfrutar de las vacaciones.

• Llévate cosas que el niño reconozca. Para empezar, la comida. Puede ser positivo ir introduciendo nuevos alimentos cuando estéis de viaje, pero también puede ser demasiado de una vez. Llévate una buena cantidad de algo que sepas que al niño le gusta, así no tendrás que afrontar cansancio y lloriqueo por algo fácilmente evitable. También es buena idea llevarse algunos de sus juguetes o cuentos favoritos. Todo lo que resulta reconocible transmite seguridad.

• Toma precauciones. Hasta los espíritus más libres aprecian una buena planificación. Esto tiene su recompensa en los viajes casi más que en ninguna otra circunstancia: el babero, los pañales, las toallitas húmedas, un cuaderno de dibujo o lo que sea buena idea llevar se vuelve precioso.

• No planifiques un viaje demasiado exigente para el ritmo diario que habéis creado. Cambiar de zona horaria es especialmente complicado para niños y mayores, y salir de viaje a horas en las que el niño normalmente estaría durmiendo puede resultar muy exigente para la familia. Ponle las cosas fáciles al pequeño desde el momento en que empecéis a planificar el viaje.

• Debes estar preparado para que el viaje resulte duro para el niño. Como adulto, debes estar descansado y listo para que el niño te necesite algo más de lo habitual, y puede resultar difícil mantener el buen humor cuando estamos desbordados por los vuelos, el tren, las maletas y el carrito del niño. Si vais en pareja, ayudaos y haced las cosas lo mejor que podáis.

Si disponéis de comida, sueño y la salud va bien, un viaje será una experiencia estupenda que os puede unir todavía más. Ir juntos de viaje nos transforma. A grandes y a pequeños.

REDES SOCIALES

El niño necesita mirarte a la cara. Necesita ver tu reacción cuando las máquinas trabajan en un solar en construcción, cuando pasa un tranvía ruidoso o las sirenas de una patrulla policial suenan. El niño necesita verte sonreír a alguien a quien quieres, necesita verte con gente que no conocías de antes, necesita ver cómo te preocupas por los demás. Tú eres la brújula del niño, y pronto experimentarás que, cada vez que el niño piense «¿Qué está pasando ahora?», te mirará. El niño aprende del mundo a base de interpretar tus reacciones. Esa es una de las razones por las que, a esta edad, es buena idea que vaya en el carrito mirando hacia ti. Cuanto más tiempo estéis cara a cara, mejor.

Y esta también es la razón por la que el teléfono móvil puede ser un problema. Aparta nuestros rostros, roba la atención e interrumpe la comunicación con el niño. Así es la imagen de nuestro tiempo: madres inexpresivas que columpian a sus hijos con la vista clavada en un diario digital y padres que empujan el carrito mientras miran fijamente sus teléfonos. Tu hijo necesita que vayas *con él* en su viaje iniciático, que veáis juntos la grandeza de tantas cosas pequeñas. Estará solo si tú no estás allí con él. Todo lo que hacéis juntos genera felicidad. La criaturita del columpio precisa que compartas la experiencia gozosa de verse lanzada adelante y atrás, no solo necesita alguien que lo empuje.

Me encantan todas las posibilidades que se abren y todo lo que resulta divertido con las tecnologías, pero también es evidente que los teléfonos móviles hacen que sea más duro ser padres.

Los niños están hechos para tener contacto, y esto es aplicable especialmente a los más pequeños. Necesitan tus miradas y tus reacciones para sentirse seguros. Debes estar presente en el mundo real con tu hijo.

Una cuidadora dudosa

Muchos padres me preguntan cuál es el tiempo de pantallas adecuado para las distintas edades. Hay programas de televisión y *apps* para niños que están muy bien hechos. Comunican exactamente como debe hacerse con niños pequeños: despacio, de manera repetitiva y clara sobre temas en los que los niños se reconocen. Un poco de tiempo con las pantallas es bueno para ellos, pero es demasiado tentador para nosotros, los padres, considerarlo nuestro tiempo libre y excedernos en su uso.

También sé que hay mucha gente repartida por el mundo que tiene niños que saltan de la cama antes de las seis de la mañana, y que una hora o dos de programación infantil en la televisión proporciona a los padres un sueño muy valioso. Pero eso quiere decir que es especialmente importante utilizar los minutos anteriores al televisor o al iPad, mientras preparáis algo de desayunar o cambiáis el pañal; hacer que ese ratito sea

En la sociedad en la que vivimos, una completa abstención tecnológica no tiene sentido. El niño crecerá en un mundo en el que dependerá por completo de comprender las posibilidades de la tecnología. Los dos formaréis parte de él, pero lo más importante es que estés conectado con tu hijo.

cercano y exclusivo. Y luego, si estás agotado, es mucho mejor que te duermas otra vez en el sofá junto al niño que volver a tu cama.

Contacto auténtico

Puede resultar fácil olvidar que el contacto que obtenemos a través de las redes sociales no puede sustituir al contacto humano en el mundo real. No tiene nada que ver sentarse en el regazo de la abuela, correr por su salón y ayudarla a prepar,ar la cena con comunicarse a través de una pantalla. La vida real huele, sabe y se siente de una manera completamente diferente, y el niño necesita que visitemos a los abuelos o a los amigos, necesita saber cómo nos comportamos los adultos cuando estamos juntos. Deben vernos hablar, discutir, reír, comer. En resumen: *estar* juntos. Necesitan sentir cómo es establecer un vínculo con otros fuera del hogar.

Creo que la maravillosa tecnología está contribuyendo a aislar a las familias con niños. En cierto modo, todo el mundo sabe lo que está pasando en todo momento, todo el mundo se entera de que ha dado los primeros pasos o de que le han salido los primeros dientes, todos pueden asomarse a los pequeños instantes de la vida diaria; pero esto no sirve si no tenemos los encuentros reales y cálidos. El niño necesita conocer al resto de las personas que están en tu vida.

¿Qué puedo compartir?

Es estupendo poder compartir fotos con la familia y los amigos cercanos, pero no conviene excederse, tanto por consideración a ti mismo como por consideración con el niño. La regla principal es que no debes hacer fotos, ni publicarlas, cuando el niño está muy enfadado, triste o desesperado. Principalmente porque esto hará que no te hagas cargo de la situación en el momento en que está sucediendo —el niño no necesita que estés buscando el mejor ángulo para hacer una foto, necesita que estés allí, ayudándole—, pero también porque es una falta de respeto convertir los sentimientos más intensos de un niño en un espectáculo.

Si publicas bonitas fotos de un niño del que estás orgulloso, no hay ningún problema, pero le quita tiempo y atención al pequeño.

Puede que publicar una foto de tu hijo con una tirita en la rodilla porque se ha hecho un rasponazo te proporcione muchos *me gusta,* pero del círculo equivocado. Estás poniendo el foco en la parte más alejada de tu entorno, en lugar de en el círculo más cercano. Tu hijo con la rodilla dolorida se encuentra en un momento de fragilidad, necesita que estés con él. La gran posibilidad de que nos vean todas esas personas de la red nos aparta de lo que está cerca, donde realmente nos necesitan.

COSAS QUE NO DEBES COMPARTIR:

· Fotos de niños con fuertes sentimientos, como pena, ira y frustración. No les hagas fotos en esas circunstancias, mejor permanece a su lado.
· Fotos de niños haciendo cosas que dan vergüenza ajena. Puede que les duela verlo cuando tengan edad de hacerlo por su cuenta.
· Fotos que puedan tener una interpretación sexual. Aunque resulten monas e infantiles, pueden malinterpretarse y se les puede dar mal uso.

COSAS QUE PUEDES COMPARTIR:

· Actividades que hagáis juntos, o su resultado.
· Planes para los que pidáis ideas: ¿dónde es buena idea alojarse con niños en un viaje a Londres?
· El estado de ánimo en el que te encuentras después de acostar a los niños (sobre todo si es positivo).
· Los hitos, como aprender a utilizar el orinal y cuando sale el primer diente (pero para esto es mejor reducir el público a la gente más cercana; al resto, realmente, no les va a interesar demasiado).
· Recuerda que compartir en las redes sociales es algo que haces con la energía que te sobra. Debe partir de una sensación de alegría, no de desesperación. Y lo que compartas debe ser cierto y aceptable para todos los involucrados durante el resto de sus vidas.

PAÑALES Y ORINAL

Para los niños es un acontecimiento dejar los pañales, un paso hacia la autonomía y el control. Nada más dejar el pañal sentirá que puede con todo, ipor fin tendrá el mundo a sus pies!

Pero no te propongas conseguirlo antes de que el niño esté preparado, y para la mayoría de los niños esa edad está en torno a los tres años. Las niñas suelen estarlo un poco antes. Resulta más fácil dejarlo en países más cálidos que para nosotros, aquí en el norte. Cuando el niño puede pasearse en ropa ligera de verano, no es tan grave si tiene un pequeño accidente. Pero hacerse pis en un grueso mono invernal, completamente vestido, no es ninguna broma.

Si quieres intentar que el niño deje los pañales antes de cumplir dos años, debes saber que la tarea será más compleja que si esperas un poco. Pero es perfectamente posible si disponéis de tiempo y podéis hacerlo en los meses de temperaturas más suaves. Ten a mano un orinal, utilízalo cuando creas que hay posibilidades de que haga algo —en especial, después de comer— y entusiásmate cada vez que haga algo dentro. Lee con el niño sobre el hecho de dejar el pañal, hablad del pis y de la caca, y ten una actitud positiva hacia el proyecto.

Evita cualquier forma de reproche o regañina cuando salga mal, eso puede hacer que todo el proyecto se estanque. El niño lo hace lo mejor que puede, lo más importante es que no te estreses demasiado.

CUANDO LOS PROBLEMAS CRECEN

A veces la vida es un callejón sin salida. Sigues los consejos que te dan y nada funciona. Te das cabezazos contra la pared y nada cambia. Puede que leas este libro y sientas que ha sido escrito para otros padres con unos hijos completamente diferentes.

A veces no solo es que sea difícil, es que es exageradamente difícil. Hay niños que hacen que sea mucho más exigente ser padres, y a otros padres les queda todavía camino por recorrer para llegar a ser unos buenos padres.

Tú debes ser la guía y conducir a tu familia en tiempos realmente difíciles. Si es porque algo le sucede a tu hijo o te sucede a ti, en cualquier caso, siempre serás tú quien deba mantener el rumbo.

Responsabilidad parental

«¿Eso es normal?», «¿Es así como debe respirar?», «No debería empezar a andar ya?», «¿Recibe estímulos suficientes?», «¿De verdad que es así como deben ser las cosas?». Los niños son una fuente inagotable de preocupaciones, y en los veinte años que llevo pasando consulta, todavía no he conocido a unos padres que no las tengan. La respuesta suele ser la misma: «Es completamente normal. Todo irá bien». Muchos de los que trabajan en los servicios asistenciales acaban por poner el piloto automático, siempre salen al encuentro de los padres preocupados con una sonrisa tranquilizadora. Pero ¿qué pasa cuando no es la respuesta correcta?

Para el 80 por ciento de los niños cuyo desarrollo es más lento que el de la media, no tiene importancia alguna. Poco a poco alcanzarán el nivel del resto y no influirá en sus vidas. Pero, a veces, es cierto que *hay* motivo para preocuparse. Y los padres suelen ser los primeros en saberlo, los padres son los que tienen la sensación de que algo no cuadra del todo. Para que los niños obtengan la ayuda precisa, dependen por completo de que sus padres la busquen. Si crees que tu hijo la requiere, debes preguntar más, investigar más. Eso también forma parte de la responsabilidad parental.

«Una madre difícil»

Sé bien lo que se siente cuando tienes un hijo al que crees que le ocurre algo, aunque no sepas el qué. Uno de mis hijos solía deshacerse en mil pedazos al volver de la guardería. Se desesperaba, no quería hacer nada, no tenía energía ninguna. Cuando le dije al personal de la guardería que estábamos un poco preocupados, respondían que no teníamos motivo. «Aquí es el niño más encantador del mundo», decían. Se portaba bien fuera de casa, pero al volver había gastado todas sus energías. A la larga, es agotador tener un niño que no responde como debería, te cansa tanto afrontarlo que al final no tienes fuerzas para buscar la ayuda que necesitas.

Mi hijo se negaba a comer papilla, no tocaba los bollos o las tortitas que los otros niños devoraban. En mi desesperación, le di chocolate puro para demostrarle que la comida podía estar rica. Se lo comió. Y luego fui comprobando que le gustaban el arroz blanco y los helados. Eso era lo único que comía.

Sus peculiaridades se hicieron crónicas y nos fuimos acostumbrando. Cuando lo comentaba con las enfermeras o los médicos, le restaban importancia y decían que algunos niños son un poco raros con las comidas. Tenía casi cuatro años cuando un médico nos dijo que creía que su crecimiento era insuficiente y lo relacionó con sus hábitos alimenticios. Solo hizo falta un análisis de sangre para diagnosticar que era celíaco, que no toleraba el gluten.

A posteriori, he pensado que aceptamos con demasiada facilidad las palabras tranquilizadoras de los expertos. Nos dábamos cuenta de que algo iba mal, pero no quería ser una «madre difícil». Acabó bien, porque alguien se dio cuenta de lo que ocurría, pero no cabe duda de que no siempre es buena idea poner el piloto automático y tranquilizar a los padres.

Atrévete a pedir ayuda. Atrévete a preguntar otra vez, una y otra vez si sientes que algo no va bien.

Niños prematuros

Hay niños que nacen antes de estar listos para ello. Hoy en día, los niños no solo pueden sobrevivir, sino salir adelante estupendamente, aunque nazcan varios meses antes de tiempo. Es fantástico, pero también exige muchísimo a los padres. Pasan semanas o meses en cuidados intensivos, con miedo a lo que pueda pasar y con miedo a lesiones que puedan manifestarse más adelante o que ya estén presentes. Un niño prematuro está neurológicamente inmaduro, el cerebro y el cuerpo van muy por detrás de los de un niño nacido a término.

Mantén la esperanza, la proximidad y el contacto piel con piel con un hijo nacido antes de tiempo. La mayoría de las cosas se irán igualando con los años, pero durante mucho tiempo notarás que tu niño tiene dos cumpleaños: el día en que nació y el día que lo esperabais. Recuérdalo, y así no compararás a tu hijo con otros niños de un año y te sentirás decepcionado con él. Has tenido un hijo que es un auténtico milagro y que necesitará tiempo adicional por muchos años.

Cólicos

No sabemos cuál es la causa exacta, pero algunos niños tienen más dificultad que otros a la hora de iniciar la digestión. Todos los padres que han tenido un bebé con cólicos saben que puede resultar extenuante. El llanto desconsolado suele empezar unos días después del nacimiento y puede durar meses. Tampoco sabemos mucho sobre cómo solucionarlo, salvo llevar en brazos, mecer, sujetar y dar el pecho. Hay muchos consejos bienintencionados, pero nada que funcione especialmente bien y, definitivamente, nada que funcione para todos.

Es muy difícil ser padre cuando no consigues estar en contacto con tu hijo ni servirle de ayuda. El niño llorará de todos modos, y tu acabarás agotado. El único consuelo que puedo proporcionarte es afirmar algo que sabemos con seguridad: se pasará.

Debes buscar toda la ayuda y el apoyo que tengas a tu alcance. Lo cierto es que los niños con cólicos están más expuestos que otros a que los zarandeen, peguen o aprieten con tanta fuerza que sufran daños. El llanto que no cesa es tan desesperante que corres el riesgo de lesionar a tu bebé si no conservas la calma y el juicio. El bebé es inocente, no tienen la culpa de sus problemas digestivos. Y a ti te ha correspondido la responsabilidad adicional de darle seguridad también en este proceso.

Un día se pasará de repente, igual que llegó. El niño será como todos los demás, no quedará ni rastro de la fase que ha pasado. En cierto modo, es ahora cuando el niño es él mismo. Cuando tiene cólicos, es otro. Ese es uno de los aspectos que se hacen tan cuesta arriba para los padres: el cólico dificulta su contacto con el bebé.

Se le debería dar una medalla a cada familia que sale de esa fase. Un día el estómago funciona como debe. Hasta que llega ese momento, debéis hacerlo lo mejor que podáis.

Niños que nacen diferentes

Pensamos que los embarazos y los partos hoy en día son más seguros que antes, y así es, pero no hay garantías. Algunos niños nacen con retos adicionales y más necesidades. Para los padres puede ser algo que ya sabían desde la primera ecografía, o puede ser una sorpresa el que algo sea diferente, que algo vaya mal.

Sea cual sea tu caso, el niño seguirá siendo tuyo. Vivir con esa carga adicional, con esa preocupación, será parte de tu vida familiar.

Debes pasar el duelo de no haber tenido el niño «normal» antes de que puedas alegrarte del que has tenido. Y puede que te lleve años acostumbrarte del todo a la vida familiar tal y como es ahora.

Para las familias que no han pasado por ello, puede ser difícil comprender la pena, la alegría y la angustia que lleva consigo tener un niño que necesita cuidados adicionales. Busca apoyo en otros que hayan pasado por lo mismo, y no te decepciones al experimentar lo mal que se les da a muchos afrontar una situación así. Eres tú quien debe hacerlo muy bien, hazlo paso a paso hasta que seas especialista en tu niño y en la situación por la que está pasando la familia.

CONSEJOS PARA QUIENES PASAN UNOS PRIMEROS AÑOS ESPECIALMENTE COMPLICADOS

1. Niños que requieren una atención especial. Hay muchas razones por las que el principio de vuestra nueva vida no será como habíais previsto. Algunos niños traen consigo una pena, pena porque la vida se vuelve del revés por nuevas preocupaciones. Es importante que hables de ello, una y otra vez. Busca a la persona con el interés y la paciencia necesarios, o un profesional que te pueda ayudar. Lo más importante es poder hablar de ello las veces suficientes, miles si te hicieran falta, para dar con un equilibrio en la vida tal y como resultó ser.

2. Tu niño, tu responsabilidad. Incluso cuando tengas mucha ayuda, ya sea de diversos médicos, psicólogos o lo que fuera, haz listas y mantén el control. Es el tratamiento de tu hijo y, a pesar de que es fácil pensar que otros asumen la responsabilidad, tú eres la única persona que ve la situación en su conjunto. Cada uno trata su pequeña parcela, tu hijo necesita que tú lo veas todo.

3. ¡Acepta ayuda práctica! Hay gente capaz de aceptar ayuda y otra que no. Pero, si tienes un hijo y necesitas ayuda, debes aprender a decir «Sí, gracias» cuando alguien te invite a cenar o te pregunte si quieres que vaya a recoger el armario nuevo en su coche. Practica el aceptar ayuda.

4. Otros se olvidarán de ti. A todos los padres les gusta hablar de su hijo, y pronto notarás que otros dejan de interesarse por tu situación. Así son las cosas. No te dejes herir, pero busca los amigos que empaticen un poco más.

5. Mira a tu pareja a los ojos. Los padres que tienen hijos con necesidades especiales pasarán muchas más dificultades que los demás. Las probabilidades de que la relación de pareja aguante otros desafíos es mucho menor que si el punto de partida fuera el normal. La salvación es intentar veros el uno al otro: busca algunos momentos al día en los que mires a tu pareja a los ojos y sonrías.

6. Mejorará. Lo que en un primer momento parezca insuperable resultará no serlo. La vida es un hormiguero, reparamos y organizamos, lo hacemos lo mejor que podemos. Es sorprendente lo que la gente es capaz de hacer. Tú, vosotros, estaréis mucho mejor de lo que crees ahora.

Depresión posparto

Tina es una de las mujeres a las que he seguido en su vida adulta. Sintió que el principio del embarazo la llevaba directamente de vuelta a los años infelices de la adolescencia, pero luego todo mejoró, y los últimos meses esperaba con ilusión el parto. Fue bien, pero al tercer día la tristeza llegó deslizándose como una espesa niebla. Se sentía sola con el niño, sentía que la responsabilidad era demasiado grande, tenía miedo de estar sola con él. La angustia que le provocaba todo lo que podría salir mal la ahogaba. Eso la llevaba a suplicarle a su pareja que estuviera con ella todo el tiempo, que no saliera, que no fuera a trabajar, que no quedara con amigos. Le necesitaba sin límites, y eso hacía que se sintiera todavía peor.

Lo que llamamos «depresión posparto» no es una sola cosa. Algunas se sentirán sobrepasadas por la responsabilidad de estar a cargo de un niño, para otras será el cambio físico y hormonal, que resultará demasiado intenso. Puede pasarle a cualquiera. Muchas de las mujeres que han venido a verme tienen antiguas vivencias escondidas que todos esos cambios devuelven a su memoria por los fuertes sentimientos que desencadena un nacimiento.

Ninguna depresión viene sin angustia: cuando te encuentras mal, tienes miedo de lo que puedas hacer. Y, cuando ocurre, sientes que la vida te da cada vez menos; y esto, a su vez, aumenta tu depresión. Es una espiral dolorosa, y se manifiesta con especial claridad en una depresión posparto: lo único que importa es que estés con el niño, pero no eres capaz.

Tina volvió varias veces en los meses posteriores al parto. Para ella era cuestión de recuperar el control, tenía que aprender a confiar en ella misma cuando estaba con el niño, y tenía que ayudar a su pareja a volver a confiar en ella.

La imagen de los padres felices es tan intensa que todo el mundo la espera de ti. Si eres de los muchos que, por alguna razón, siente más decepción y vacío que una alegría desbordante, debes saber que es así porque todos los aspectos de este proceso son difíciles. Y, cuando te sientas así, solo habrá una cosa que ayude de verdad: abrir la puerta a alguien que te entienda.

Uno de los aspectos más problemáticos de la depresión posparto es que afecta de lleno a la comunicación con los niños pequeños. Con los adultos puedes ocultarlo, tienes la opción de esconderte detrás de las palabras, pero el niño depende de tus gestos, esa es toda su fuente de comunicación. Cuando te deprimes, te quedas en silencio ante el niño. El contacto se extingue.

Sea cual sea el origen de la oscuridad que te envuelve, siempre te aconsejaré que busques ayuda fuera de la relación de pareja, y que no te rindas, aunque la primera persona a la que pidas ayuda te falle.

Te puedo prometer que irá a mejor, pero, si no recibes ayuda, puede llevarte demasiado tiempo y causaros mucho daño tanto a ti como a tu hijo.

Sé el capitán de tu familia y trabaja para atravesar oleajes y mareas. Tú tienes la responsabilidad, pero nadie ha podido manejar un barco solo.

Cantar nanas es una baza segura para mantenerse cercano y tranquilizar a un niño que se va a dormir. Tu voz serena es predecible, le hace saber que es de noche, que ha llegado el momento de dejar ir el día. Para muchos resulta raro volver a cantar, buscar las canciones que una vez oyeron, atreverse a utilizar una voz normalita para cantar. Cantar es encontrarse a uno mismo y encontrar al niño, algo que le ayudará, le calmará y le regalará canciones que un día cantará a sus hijos.

Te recordará en las canciones, del mismo modo que tú recordarás a aquellos que te cantaron. Busca tu voz y tu historia. Es casi lo más hermoso que puedes transmitir: ese hilo que une tu propia infancia con la del niño.

DESARROLLO DE LA PERSONALIDAD

«¿Quién eres tú?», preguntamos antes de que el niño pueda responder. «¿En quién te convertirás?», «¿Te gustará el sonido del viento en los álamos en primavera o el olor del jazmín en el parque?», «¿Serás de los que miran al cielo y se marean ante la inmensidad infinita o serás de los que hunden las manos en la tierra, sentirás la tierra húmeda, olerás la hierba recién segada y encontrarás una especie de tranquilidad en eso?», «¿Serás feliz?, ¿solitario?», «¿Darás discursos divertidos o preferirás que otros tomen la palabra?», «¿Me querrás cuando llegues a la adolescencia?».

Como padre, es fácil hacerte enseguida una idea de quién es tu niño. «Es tímido», «Es bromista», decimos. ¿Cuánto de lo que ves en tu hijo seguirá ahí dentro de diez o veinte años? ¿Qué puedes saber ya?

Nuestra personalidad se desarrolla constantemente, pero los rasgos básicos se forman en la infancia. Todo lo que somos. Lo que heredamos y las huellas que dejan nuestras experiencias, el consuelo que experimentamos o las personas que vamos conociendo. Una de las primeras cosas que podrás ver en tu hijo es si sale al encuentro del mundo con prudencia o con extroversión, y luego irás aprendiendo más y más con los años.

Todavía es demasiado pronto para saber cómo es tu niño, pero hay una cosa que sí debes saber: es él mismo.

Los padres debemos ser curiosos. Los niños quieren enseñarnos quiénes son, a la vez que crecen y se incorporan a la vida. Si nos empeñamos en poner etiquetas, en decidir qué clase de niño hemos tenido, podemos impedir que desarrollen aspectos positivos.

Cuando yo era joven, revelábamos las fotos en el cuarto oscuro. Hundía el papel de la foto en el líquido de revelado y contaba los segundos mientras la foto se iba haciendo visible lentamente. Era muy emocionante, todavía late ese sentimiento en algún lugar de mi interior. ¿Qué se veía con claridad y qué quedaba borroso? ¿Qué había captado y qué se me había escapado? Despacio, despacio se hacía visible la respuesta; y, a su manera, siempre salía bien. Siempre surgía algo inesperado.

Tener un hijo es como estar en un cuarto oscuro revelando una foto, como hacía yo en mi juventud. Ahora no cuento los segundos, sino los meses y los años. En el plazo de veinte años se verá quién es realmente tu hijo. Mientras tanto, debes disfrutar de los matices que aparecen y desaparecen. Los niños son tan diferentes entre ellos como lo somos nosotros entre adultos. Tienes que salir al encuentro de tu hijo aceptándolo exactamente como es en el estadio en que se encuentra.

No se puede educar a ningún niño de la misma manera. Debes dar lo que el niño necesita, estar pendiente de la personalidad que se dibuja poco a poco, que sale de la nada transparente y se transforma en algo lleno de color, muy especial.

Tu niño. Tu milagro.

GRACIAS

Son muchos los que me han proporcionado conocimientos, inspiración y valor a lo largo de los años. A raíz de mi trabajo con este libro, me ha quedado claro que hay algunos a los que debo estar especialmente agradecida.

El psicólogo y terapeuta familiar danés Jesper Juul ha aportado una libertad y una claridad a esta especialidad que he intentado llevar conmigo. El Dr. Daniel Siegel ha contribuido con una fuerte y valiosa comprensión de la conexión entre el desarrollo del cerebro y el comportamiento del niño. Por otro lado, la importancia que da la Dra. Sue Johnson a la manera en que el nexo, el lazo, nos afecta durante toda la vida hace que se convierta en otra voz que valoro. También me he apoyado mucho en el profundo respeto que mi antigua tutora, la psicóloga Kirsti R. Haaland, siente por el niño y por la familia, y en su confirmación de que el equilibrio lo creamos juntos.

En mi despacho de Oslo, son mis compañeros los que me retan a través del trabajo, discusiones profesionales y su buena amistad.

Gracias a «mis» psicólogos, Arne Jørgen Kjosbakken, Agnete
Halrynjo, Johanne Thorsen y Henriette Konradsen.

Podría mencionar otras muchas fuentes de inspiración profesional.
Gracias a todos aquellos que investigan sobre el desarrollo infantil,
escriben y divulgan.

Los que en realidad me ayudan a aplicar lo que leo a las situaciones de
la vida diaria son todos aquellos que vienen a mi despacho dispuestos
a enfrentarse a los retos que se les presentan. Amo cada hora como
terapeuta, y siento un profundo agradecimiento hacia aquellos que me
dejan entrar en un ámbito tan íntimo de sus vidas como es su familia.
Cada encuentro es una fuente de inspiración.

Para terminar, mis tres chicos y el hombre de mi vida: Max, Klas,
Mikkel y Kjetil. Los que me hacéis reír cada día y dais sentido a mi
existencia; vosotros también me hacéis escribir.